Valtesse de la Bigne

Du même auteur

Quelle épique époque, éd. Hors Collection, 1993.
Claudie André-Deshays, une Française dans l'espace, Plon, 1996.

Yolaine de la Bigne

Valtesse de la Bigne
ou
Le pouvoir de la volupté

PERRIN

ISBN : 2-262-01108-7

A mon père, tendrement,
pour la passion qu'il a mise dans cet ouvrage.

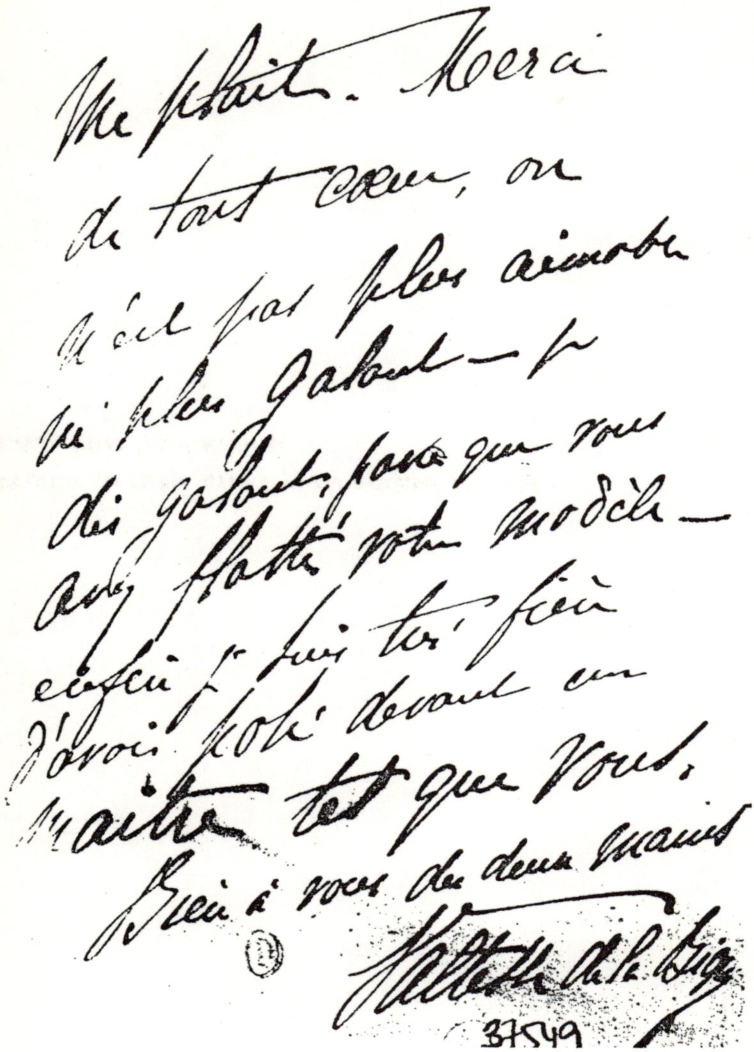

me plaît. Merci
de tout cœur, on
n'est pas plus aimable
ni plus galant — je
dis galant, parce que vous
avez flatté votre modèle —
enfin je suis très fière
d'avoir posé devant un
maître tel que Vous.
Bien à vous des deux mains
Valtesse de la Bigne

Mot de Valtesse de la Bigne à Edouard Manet,
le remerciant de son portrait.

Avertissement

On ne sait jamais ce qu'un nom vous réserve. A la naissance, vous héritez de celui de votre père que vous allez porter comme une fleur à la boutonnière. Et puis, un jour, dans un couloir de Nanterre, vous rencontrez un étudiant qui se passionne comme vous pour ses études d'histoire de l'Art. Il s'intéresse particulièrement à Edouard Detaille, peintre militaire quelque peu oublié, qui a donné son nom à la rue où il habite. Intrigué, il s'est renseigné et a découvert un artiste qui représente merveilleusement le lyrisme des grandes scènes martiales aux détails scrupuleux, ce qui lui a valu le surnom de « peintre au petit poil ». Et notre étudiant de prendre un air malicieux pour vous demander : « Tu es parente avec Valtesse de la Bigne ? »... « Euh, non, qui est-ce ? »

Cette cocotte de la fin du siècle dernier a été la maîtresse d'Edouard Detaille qui lui a peint une galerie de portraits d'ancêtres la Bigne imaginaires... Tiens, tiens, du sexy patriotique dans la famille ? Renseignements pris auprès de votre patriarche de père : « On a bien entendu parler de cette Valtesse, mais elle n'a rien à voir avec nous ! Elle s'appelait Louise Delabigne et a coupé son nom en trois. On appelle ça " la noblesse du sécateur ". »

Quelques années passent, et la belle rousse ne cesse de

croiser furtivement votre chemin. Vous rencontrez un autre passionné qui vous parle d'Henri Gervex, peintre et amant de Valtesse, surnommée pour ses « attirances picturales », l'« Union des peintres », et vous allez lire leurs lettres chez le petit-fils de Gervex. Un écrivain fasciné par cette période vous raconte ses liens avec Liane de Pougy et vous découvrez une page mystérieuse et anonyme sur Internet, simplement illustrée de son portrait « A l'ombrelle ». Vous visitez une exposition sur les « Secrets d'alcôve » au musée des Arts décoratifs et tombez en admiration devant le « champ de bataille » de notre horizontale, un lit hallucinant qui accueillait ses ébats amoureux...

Bientôt, une romancière réputée vous téléphone et vous raconte qu'elle a vu un ravissant portrait d'une Valtesse de la Bigne par Manet au musée d'Art moderne de New York. Vous lui racontez les frasques de la courtisane, et elle s'écrie : « Mais il faut que tu écrives un livre sur elle, c'est passionnant ! »

Un livre ?... et pourquoi pas ! On retourne à la case départ, chez monsieur votre père qui éclate de rire. Y aurait-il des choses intéressantes à dire sur cette sulfureuse créature ? Voyons voir...

Et c'est ainsi qu'est née une équipe, le père et la fille, partie en quête d'une fausse ancêtre. D'un côté, celui qui va fouiller, lire, noter, relire, synthétiser, traquer le moindre indice dans les bibliothèques, les services de police, les rues de Ville-d'Avray ou les recoins de Monaco pour suivre à petits pas le chemin de la belle Valtesse. De l'autre, celle qui mettra en musique la vie étonnante de ces courtisanes dans une fin de siècle folle et mouvementée. Trois années de passion complice ont passé à rédiger ce livre et à reconstituer l'histoire comme une intrigue policière : « Tu sais, je suis tombé sur des descriptions de maison close de l'époque, savoureux ! », « Je crois qu'il faudrait fouiller du côté des lesbiennes », « Je me demande si elle ne fouettait pas ses clients ». De quoi étonner l'entourage, témoin de certaines conversations entre ce monsieur très respectable et sa fille bien-aimée...

Trois années de curiosité attisée par cette femme hors du commun qui a marqué les esprits de son temps, en raison d'un destin fulgurant. Sortie du caniveau, elle va conquérir Paris en quelques mois, pendant la période trouble du siège de 1870, et devenir l'une des « dégrafées » les plus célèbres du siècle. Alors que la plupart des autres vivent au quotidien et s'étiolent avec le temps, Valtesse calcule sa destinée avec une maîtrise exceptionnelle et se bâtit une fortune immense. Elle transmettra tout son savoir à la belle Liane de Pougy qui sera son élève et saura profiter de ses conseils avec talent. La forte personnalité de Valtesse en fait la dernière grande courtisane, pour les uns, et une transition entre les « impures » de l'âge de Cora Pearl et les nouvelles « horizontales » de 1900, pour les autres.

1

Enfance de la petite Louise

En 1844, la mère de la future comtesse de la Bigne, Emilie Delabigne, une belle Normande de vingt-quatre ans, quitte le Calvados pour s'installer dans la capitale. Elle trouve un emploi de blanchisseuse dans un pensionnat du faubourg Saint-Denis-Saint-Lazare. Plutôt aguichante et légère de la cuisse, elle se met rapidement en ménage avec l'un des membres de cet établissement, Normand lui aussi, un « pet de loup » qui lui fait sept enfants. Mais notre paysanne se lasse d'entretenir un paresseux alcoolique et finit par le quitter, emportant bagages et enfants pour s'installer au dernier étage d'un immeuble crasseux de la rue Paradis-Poissonnière. Elle entre comme gouvernante chez le docteur Jobert de Lamballe, puis, à la mort de celui-ci, devient inspectrice à l'Institution de jeunes filles de Vaugirard, dirigée par Mme Barral.

Née en 1848, la petite Louise grandit rue Paradis-Poissonnière, au milieu d'un quartier ouvrier encore peu habité où sont rassemblés artisans et petites entreprises qui fabriquent galons, broderies, dentelles et passementeries.

1848, c'est le temps des espérances soulevées par la révolution de Février qui chasse Louis-Philippe et installe un régime républicain avec un président élu, pour la première fois, au suffrage universel masculin. Mais c'est aussi le moment d'une crise économique si aiguë que l'on voit resurgir le spectre de la disette. La pauvreté, le manque d'hygiène, une alimentation précaire précipitent, dès l'année suivante, le retour du choléra. Le Paris de ce milieu de siècle sent l'urine et le saindoux brûlé ; il n'est guère différent de celui que découvrira Zola quinze ans plus tard !

« A Paris, lorsque les gens ne possèdent en tout et pour tout qu'une pièce, ils ne savent souvent pas comment s'y loger. Toute la nuit, l'enfant empêche les parents de dormir, puis il faut le baigner, l'habiller, l'occuper, le changer vingt fois par jour et tout cela dans un espace de quelques mètres carrés. Bientôt le logement se change en tanière, il n'y a pas moyen de le tenir propre. La petite fille grandit dans cette prison. Lorsqu'elle a trois ans, elle salit moins, mais occupe autant de place. Elle saute sur le plancher, arrache les rideaux, fait un bruit infernal. Les beaux jours, ses sorties se limitent à une promenade sous la conduite de sa mère dans le square voisin. Mais si le temps est mauvais, elle reste enfermée des semaines entières et commence à dépérir dans sa cage étroite. »

On imagine la vie d'Emilie avec ses sept enfants ! D'autant que la lingère, dont la vie sentimentale semble fort agitée, a d'étranges attentions pour sa fille à qui elle prédit un grand avenir :

« Le matin, lorsque l'amant s'en était allé, elle entrait dans la chambre et découvrant la petite, sans se soucier de savoir si elle était fatiguée, elle étendait sur le corps rose et frissonnant un drap mouillé. C'était héroïque de sa part car elle risquait de tuer la mignonne — tant pis — sous l'impression glaciale, les seins se gonflaient et la chair se raffermissait. Aussi la mère, avec la conscience du devoir rempli, pouvait répéter " Vous verrez, la petite sera une merveille, elle sera épatante ! " » raconte Arsène Houssaye [1], un des futurs grands confidents de Valtesse.

1. Arsène Houssaye, « Les Parisiennes d'amour », in *Panurge*, 1882.

Valtesse ne se plaindra pas de cette éducation particulière et, un jour, elle dira à l'une de ses amies, le sourire aux lèvres : « Maman était si belle, ma chère, que chaque fois qu'elle sortait, elle faisait au moins trois hommes ! »

La prostitution reste malheureusement le meilleur moyen de sortir de cette misère, car « on peut écrire tout ce que l'on voudra sur l'indignité de cette institution aux multiples visages [la prostitution], il n'en est pas moins vrai qu'une prostituée riche est plus heureuse qu'une ouvrière pauvre [1] ! ».

Pourtant, Napoléon III, l'ancien président élu qui s'est proclamé empereur, s'intéresse de près au sort du peuple, contrairement à ce qu'en diront les républicains ou certains nantis, comme Victor Hugo. Passionné d'urbanisme, il est à l'origine des premiers logements sociaux. Il finance avec ses capitaux personnels une « œuvre des loyers » et lance un programme audacieux de logements ouvriers pourvus de commodités sanitaires, de conditions d'hygiène acceptables et d'une permanence médicale gratuite. Mais c'est sans compter sur les hurlements des bien-pensants qui s'insurgent contre ces modernités. Mal compris ou trop en avance sur son temps, Napoléon III ne parvient qu'à achever une seule cité, rue Rochechouart, et à créer la Société coopérative immobilière des ouvriers de Paris. En revanche, il modernise la capitale en confiant à Haussmann des travaux d'une ampleur jamais vue.

Le 5 avril 1858, la petite Louise, du haut de ses dix ans, assiste à l'inauguration du boulevard de Sébastopol, au milieu d'une immense foule aux yeux émerveillés. Les vieilles maisons ont été détruites et remplacées par des immeubles modernes et de belles boutiques. C'est le début d'une ère nouvelle, grisante, exaltante, celle du progrès et

1. Pierre Mac Orlan, *Rues secrètes*, 1934.

des fortunes rapides. Loin des aristocrates ruinés et de la bourgeoisie traditionnelle, la nouvelle élite du patronat industriel manie avec dextérité l'art de « faire de l'argent ». Cette évolution sociale transforme l'atmosphère du quartier de Louise, attirant de nouvelles têtes, petits bourgeois, commerçants, mais aussi ceux que l'on appelle les « propriétaires vautours » qui profitent de la spéculation sur les terrains et augmentent les loyers sans remords, rendant la vie impossible aux gens modestes.

Au nord de la rue Paradis-Poissonnière se trouve Saint-Lazare, un hôpital-prison pour les femmes de mauvaise vie, et, non loin de là, l'église Saint-Laurent d'où le journaliste Jules Claretie voit un jour sortir une ravissante petite communiante, Louise, « une couronne de roses blanches sur ses beaux cheveux roux ». Ils sont voisins et, par la suite, se rencontreront souvent au détour d'une rue. Emu par la grâce de l'enfant, il l'invite parfois à assister à une représentation du petit théâtre de marionnettes où il joue à la fois le rôle de directeur et d'acteur. Il se souviendra toujours du rire de Louise quand elle vient voir *Ruy Blas* ou *Hernani*.

Au bout de la rue, au numéro 58, juste à côté de chez Louise, se trouve l'atelier de Jean-Baptiste Camille Corot. Comme les autres gosses du quartier, la petite fille va souvent rendre visite à ce grand monsieur, doux et gentil, qui aime les enfants au point d'avoir subventionné la crèche de la rue Vaudrezanne. Elle le regarde caresser la toile avec ses pinceaux, dessiner les corps nus de femmes alanguies, brosser des scènes romantiques dont il « encotonne » les cieux. Corot travaille avec acharnement dans son atelier où il recrée les paysages découverts lorsqu'il part visiter ses amis un peu partout en France. Discret et modeste, il a longtemps peint dans l'anonymat et n'a vendu sa première toile qu'en 1851. Il a finit par se faire connaître grâce à des critiques avant-gardistes comme Thoré, Silvestre ou

Baudelaire qui voit en lui un « harmoniste ». Pourtant, il continue sa petite vie tranquille à l'écart des cénacles de littérateurs et d'artistes, dans cet atelier un peu sombre où s'entassent toiles et études. Corot peint sans relâche pour gagner un peu d'argent qu'il donne aussitôt à des amis. Il offre ainsi une maison à Daumier qui répondra en toute simplicité : « Tu es le seul homme que j'estime assez pour pouvoir en accepter quelque chose sans rougir. »

Corot aide aussi ses voisins dans le besoin et la sœur de Saint-Vincent-de-Paul vient souvent recueillir une aumône pour les pauvres.

C'est ici que Louise découvre un univers qui la fascinera toute sa vie, celui des peintres qui savent immortaliser la beauté, donner de la poésie à la vie, échappant à la petitesse et à la cupidité de la race humaine. Elle gardera toujours la nostalgie de cet atelier et se passionnera pour l'art. Jusqu'à aider de nombreux artistes à se faire connaître, ce qui lui vaudra le surnom de l'« Union des peintres ».

Corot lui apprend aussi à aimer la nature. Celui qui a donné tant de lyrisme à nos champs sous le crépuscule, à nos petits villages bordés d'arbres rougis par l'automne, ce maître du paysage lui parle souvent de sa maison à la campagne, cette jolie chaumière que ses parents, marchands de tissus, ont pu s'offrir à Ville-d'Avray. Il y a vécu autrefois et aime ses souvenirs d'une enfance bénie des dieux. Là-bas, il fait bon vivre, au milieu des fleurs et des oiseaux, loin des bruits et des odeurs puantes de la ville. Il continue d'aller souvent dans ce Ville-d'Avray dont il a décoré l'église en 1855. Et comme il ne peut l'y emmener, il montre à la petite Louise ses toiles de *L'Etang de Ville-d'Avray* sur lesquelles il travaille et qui deviendront célèbres lorsqu'il les présentera au Salon, en 1863. La petite fille qui ne connaît que l'agitation et la saleté du quartier Poissonnière découvre un paysage bucolique et calme où se promènent des couples, où jouent des enfants en toute liberté. Une douce sérénité dont elle se souviendra le jour où, elle aussi, elle s'offrira le palais de ses rêves... à Ville-d'Avray.

Mais pour l'instant, Louise erre dans le quartier Poissonnière, comme « Nana » dont l'enfance décrite par Zola est inspirée de la sienne. Pour aider sa mère, il lui faut un travail. A treize ans, elle entre dans un atelier de confection où elle gagne quarante sous par jour. Louise travaille bien, apprend vite et devient même la spécialiste du quartier pour réaliser les plus jolis rubans de dentelles et taffetas. Elle ne tarde pas à devenir « demoiselle de magasin » et son avenir semble cousu de fil blanc... Il suffirait d'un gentil mari pour faire son bonheur ! Las !... Les premiers contacts avec tous ces hommes aux regards étranges et aux mains fureteuses lui semblent effrayants. Les naïves illusions de la jeune fille en fleur ne dureront que le temps d'une rose. Toutes ces jolies grisettes chantées par Paul de Kock, ravissantes et fraîches dans leurs robes de laine et leurs bonnets garnis d'un ruban, ne rêvent que d'amour et de beau prince charmant, mais « ce type de femme était condamné à mourir et l'assassin fut la Bourse... dont les fluctuations surprenantes et inconnues jusqu'alors firent passer les flots du pactole dans des poches qui n'avaient jamais contenu que de gros sous [1] ».

Paris tourbillonne avec tout cet argent nouveau, venu d'opérations boursières ou d'industries naissantes, notamment celles des transports. Le chemin de fer s'est mis sur les rails aux quatre coins de la capitale : gare Saint-Lazare construite en 1842, gare du Nord et de Strasbourg en 1845, gare de Rennes en 1846, gare de Lyon en 1849. Durant son exil en Angleterre, Louis Napoléon a vu éclater la révolution industrielle et a appris que l'avenir doit se conjuguer avec le progrès. Pour préparer son pays au défi

1. Alfred Delvau, *Les Plaisirs de Paris*, 1867.

de demain, il convoque le monde entier à la grande Exposition Universelle de 1855.

La société change, laissant la voie ouverte aux possibilités les plus folles. Aujourd'hui, il n'est plus nécessaire d'être « bien né » pour vivre aisément, il suffit d'être débrouillard et de ramasser quelques pourboires pour commencer une nouvelle existence. Et quand on est une fille jeune et jolie, on vous fait très vite comprendre qu'il s'agit d'un capital particulièrement rentable. Les ateliers de blanchisserie, par exemple, sont une pépinière de courtisanes, où l'on trouve des filles ravissantes qui ne se contentent pas toujours de ce métier : « Un beau jour, le battoir leur tombe des mains. Elles commencent par devenir la " petite blanchisseuse " chantée par Monselet, puis elles finissent par étendre leur linge dans un hôtel bâti pour elle [1]. »

Cette entrée brutale dans le monde des adultes, Valtesse la racontera avec amertume dans son roman autobiographique, *Isola* :

« A treize ans, j'étais livrée à moi-même. Ma mère qui était seule et dont la vie n'a été qu'un long martyre, m'éleva aussi bien qu'elle put, puis, quand j'eus dix ans, comme il faisait quelquefois faim à la maison, elle me mit dans un de ces ateliers où les petites filles apprennent entre autres choses, qu'elles ont à défendre leur honneur. Irritée de ce que je pressentais, n'osant me confier à personne, inconsciente du bien comme du mal, je passai ainsi trois ans. Quand, sans respect pour mon enfance, on me tenait des discours dont je soupçonnais l'immoralité, je quittais la maison (...) me demandant ce que je pouvais avoir pour que les hommes m'importunassent ainsi. Plus tard, on me regarda curieusement, j'étais bizarre et mes cheveux roux attiraient l'attention. Puis, on me murmura à l'oreille d'étranges paroles qui me faisaient rougir sans que je pusse

1. Arsène Houssaye, *Les Courtisanes du monde*.

savoir pourquoi je rougissais (...). J'étais honteuse de ne pas comprendre. Je voulus voir, alors, je m'approchai de ce monde qui tourbillonnait autour de moi et dont j'avais l'air de ne pas être. Je fus prise dans le terrible engrenage. Enchaînée, étourdie, ne distinguant rien, je me laissai aller, folle, stupide, riant pour montrer mes dents et cacher mes larmes. Jusqu'à ce qu'un jour, reprenant possession de moi-même, je m'aperçus que j'étais perdue... les illusions, les aspirations naïves, les rêves et les espoirs de mon enfance, tout cela s'était fané en un instant parce qu'un passant brutal s'est joué de ma crédulité. »

Or, pour qui habite le quartier Poissonnière, le chemin de la débauche n'est guère loin ! Au bout de sa rue, se trouve le quartier de Notre-Dame-de-Lorette, voué depuis longtemps aux amours licencieuses et vénales, quartier « réservé » à l'élite coquine.

Au XVIIIe siècle, c'était déjà le célèbre quartier des « petites maisons », ces habitations discrètes, « meublées au mieux et remplies de tout ce qui peut servir à la commodité et même à la volupté », où de riches propriétaires emmenaient de jeunes femmes pour des fêtes très libertines, des « tableaux vivants » follement à la mode ou des représentations de pièces érotico-mythologiques comme on les adorait à l'époque.

Oh, bien sûr, pour Louise, ce n'est que du passé mais les folies sont toujours là, riches de légendes et d'histoires sulfureuses que chacun raconte sans trop savoir ce qui s'y passait exactement. Quand l'adolescente marche rue de Bellefond, elle sait parfaitement que c'est dans une de ces « vide-bouteilles » que le marquis de Bourbon-Condé aurait — dit-on — enfermé des années sa maîtresse, Mme de Courchamp, afin de la tenir prisonnière de son seul désir. Depuis quelques années, ce bâtiment est devenu une maison de discipline pour femmes « s'étant mal comportées »... la morale est sauve !

Louise connaît aussi la « petite maison » du boulevard Poissonnière qui abrita jadis les amours tumultueuses du comte de Montmorin et de son fils. A la tombée de la nuit, ils y recevaient de belles dames, qu'ils se partageaient équitablement, à en croire les mauvaises langues. Un peu plus loin, la rue Blanche voyait passer discrètement le duc de la Trémoille, qui évitait de rencontrer le duc d'Orléans se rendant rue Cadet. Et chacun fermait le rideau de la fenêtre de sa voiture quand il longeait le faubourg Saint-Lazare, là où les demoiselles Ramont et La Vérité *(sic)* avaient ouvert une petite maison qu'elles avaient appelée, non sans humour, « La Grâce de Dieu. »

Et décidément, le quartier où vit notre future courtisane est galant par tradition ! Car non loin de là, avant la Révolution, le coin des Percherons (actuellement la Trinité), alors très à la mode, accueillait notamment les fameuses « libertines », cet étonnant mouvement de femme du siècle des Lumières. Venant pour la plupart de province, ces jeunes aristocrates et grandes bourgeoises de vingt à vingt-cinq ans avaient refusé le carcan social pour lui préférer la liberté. Fuyant les couvents, les mariages forcés et l'autorité paternelle, elles quittaient la maison familiale pour partir à l'aventure à la capitale. Obligées de se débrouiller financièrement, elles optaient pour la galanterie ou se trouvaient un amant généreux et peu jaloux, à moins qu'un mari fortuné et gâteux ne fasse l'affaire. Cela restait, bien sûr, la solution la plus commode : Mme du Barry, maîtresse du roi, ne passa-t-elle pas quasiment toute son existence sans jamais voir celui dont elle portait le nom ? D'autres libertines réussissaient à se faire admettre à l'Académie royale de musique, à l'Opéra, ce « vivier d'un certain genre pour les gentilshommes et les riches bourgeois », ce tremplin extraordinaire pour qui voulait connaître les hommes les plus riches et les plus beaux. « Comme Madame Dervieux qui en dix ans se trouva en position de choisir ses amants par caprice et par plaisir. C'est sur ce dernier point qu'on pouvait distinguer la libertine de la femme galante et entretenue [1]. »

Raffinées, cultivées, les libertines faisaient ce qu'elles voulaient avec qui elles voulaient, lançaient les modes, provoquaient les bien-pensants, augmentaient leur fortune en s'amusant dans l'immobilier ou les salles de jeux. Elles recevaient leurs amants d'un jour ou d'un mois dans de petites maisons confortables installées dans ce quartier des Percherons où elles se retrouvaient entre elles, loin du monde des hommes.

Car ces libertines du siècle des Lumières luttent à leur façon pour la liberté des femmes. Elles se sont presque toutes engagées politiquement afin d'adoucir le sort de leurs congénères. Théroigne de Méricourt, notamment, sera une révolutionnaire convaincue et certaines laisseront leur jolie tête sur l'échafaud.

Rien de tel avec les courtisanes du XIXe siècle qui brûlent leur vie sur l'autel du stupre et se passionnent beaucoup plus pour leur compte en banque que pour l'amélioration de la condition féminine.

1. Olivier Blanc, *Les Libertines, plaisir et liberté au temps des Lumières*, Paris, 1997.

2

Les débuts d'une Lorette

C'est donc dans ce quartier prédestiné que notre future horizontale grandit et devient une jolie rousse aux formes pulpeuses comme on les aime à l'époque. Comme la Nana d'Emile Zola, elle rencontre un vieux qui lui vole sa jeunesse. Il prend sa virginité et ne lui laisse rien en échange. Comme Nana, elle découvre l'alcool, sa douce chaleur qui vous fait rire et oublier. Comme Nana, elle suit le chemin des « lorettes », ces jeunes filles sans ressouces ni espoir d'en trouver honnêtement. Elles habitent le plus souvent dans le quartier de Notre-Dame-de-Lorette, où de nouveaux immeubles destinés à la petite bourgeoisie ont été bâtis. Au confluent des anciens résidents et des arrivants débarqués de la gare Saint-Lazare, les jeunes femmes recrutent une clientèle variée. Par euphémisme, note Balzac, « on les appelle " Lorette ", un mot décent pour exprimer l'état d'une fille, un état difficile à nommer et que, par pudeur, l'Académie française a négligé de définir, vu l'âge de ses quarante membres. »

Le phénomène ne cesse d'inspirer plumes et langues, Alexandre Dumas [1] s'étonne de ce secteur neuf qui se peuple d'artistes, de gens de lettres et de danseuses, et

1. *Filles, lorettes et courtisanes*, 1874.

N. Roqueplan tente de comprendre cette lorette qui n'est « ni la jeune fille, ni la jeune grisette, ni la jeune courtisane, un genre absolument nouveau, une variété de la " gens féminine ", un produit de la civilisation contemporaine n'ayant aucun précédent dans les sociétés passées ».

Un « produit » moderne mais sans surprise, car le chemin qui mène à Notre-Dame-de-Lorette va tout droit sur le trottoir et dans les lieux infréquentables, les bastringues crasseux, les bals de quartier et les coins noirs des boulevards où l'on se fait trousser contre une porte cochère pour quelques sous. Pour suivre la mode, on a jeté son bonnet de quatre sous et on s'est offert un « bibi », un vrai chapeau à plumes ; pour un cachemire, on est prête à tout, aux pires rencontres, aux dépravations les plus sordides... avec une seule devise : « Facile à prendre, impossible à garder. »

Les bourgeois appelent ça « la vie de bohème ». Louise n'a pas vraiment le choix, comme la plupart des lorettes, nées dans des familles minées par la pauvreté et l'alcool, avec des pères qui abandonnent les mères. « J'ai connu bien des filles de joie qui avaient pour père un homme de peine », plaisante Alphonse Allais.

Une petite histoire que l'on se raconte entre filles illustre bien la situation : une lorette fait tourner une table, elle appelle son père, et ce sont trois « esprits » qui se présentent. Il faut donc bien se débrouiller et, comme le constate avec étonnement un Américain en visite à Paris : « Boutiquière, femme du monde ou lorette, voilà les trois emplois d'une Française. Elles excellent en cela et en cela seulement [1] ! »

Comme les autres « petites femmes » du quartier de Notre-Dame-de-Lorette, Louise blanchit son joli visage, met du rouge sur ses lèvres et part traîner ses bottines éculées dans les ruelles boueuses, des hauteurs de Montmartre

1. Cité dans Bernard Briais, *Les Grandes Courtisanes du Second Empire.*

jusqu'au plateau de l'Observatoire, dans l'espoir de rencontrer quelques étudiants argentés ou — mieux encore — des messieurs du monde, qui monteront avec elle une heure ou deux, en cachant leurs décorations et leur dignité, pour un peu de plaisir. Elle sera payée trois ou quatre louis et les aura bien gagnés car les « gens bien » sont souvent les plus pervers... ça les excite de goûter à la saleté de la rue avant de retourner dans leurs draps de soie. Louise a vite appris les gestes qui font se retourner les hommes. Elle découvre le pouvoir d'un simple regard langoureux qui les enflamme, mais elle sait qu'un balancement de hanches peut les rendre brutaux. Des claques, elle en prend dans la figure ! Alors, il faut se défendre contre ces mufles, crier des gros mots, marchander son corps, leur cracher dessus pour se faire respecter. Elle est d'ailleurs rapidement repérée par les policiers qui notent les débauches de cette ravissante rousse courant les estaminets du quartier Latin.

Dans ce quartier, on rencontre bien sûr beaucoup d'étudiants. Ils logent dans des hôtels qui font table d'hôte, comme chez Mme Estelle, rue de l'Ecole-de-Médecine. On les repère facilement, attablés devant un verre au Voltaire ou au Procope, ce beau café à deux étages. Professeurs, savants, membres de l'Institut et autres personnalités se retrouvent au rez-de-chaussée, tandis que les étudiants montent au premier, ce qui les rend plus accessibles. Le soir, ils partent vers l'Observatoire où se trouve la Closerie des Lilas, avec sa devanture de style mauresque et son superbe jardin brodé de lilas. Ces joyeux étudiants sont souvent accompagnés de quelques grisettes « qui sortent plus souvent du faubourg Saint-Antoine que de la cuisse de Jupiter », persifle le journaliste Aurélien Scholl.

La Closerie des Lilas, c'est le paradis des lorettes, il y a des balançoires et des bosquets pour amoureux, des petites tables rondes à l'ombre des arbustes et une grande salle de danse couverte. On rit, on roucoule, on plaisante et on passe du bon temps car, foi de lorette, les étudiants sont plus drôles que les industriels de la Bourse ! Comment s'y prendre pour les aborder ? Facile ! On se présente comme étudiante, sans préciser le genre d'études que l'on poursuit...

Le problème n'est pas de dénicher un homme pour la soirée car ils sont nombreux sur les rangs, tels que les décrivent les frères Goncourt ; il y a le milord « dont les poches semblent trouées quand passe une jolie fille », le monsieur de la marine marchande « donnant comme un corsaire », le prince russe « achetant en grand seigneur l'amour tout fait » et M. Tout-le-Monde qui « estime naturel que l'amour soit une cotisation personnelle ».

Dans ce Paris du XIXe siècle miné par la prostitution en raison de la richesse des uns et de la misère des autres, trouver un client pour la nuit est donc chose aisée, mais il est plus délicat de ne pas la finir entre deux policiers, car tout le monde n'a pas la chance de coucher avec un agent des mœurs ! Cela reste encore la meilleure façon d'être protégée, de ne pas être mise « en carte ». Car la photographie, cette invention fantastique dont Nadar fut le grand pionnier, offre de nouveaux moyens de contrôle aux policiers qui possèdent maintenant des listes de filles, accompagnées de leur photographie, auxquelles il ne faut pas toucher... le rêve de toutes les lorettes. Un jour peut-être, mon policier viendra...

En attendant, tant qu'elle n'a pas de « protection », qu'elle ne s'est pas trouvé un client avec des relations, Louise doit faire attention et fuir à la moindre alerte. C'est leur hantise à toutes : se faire prendre dans une de ces rafles terribles, quand dix à quinze agents débarquent en force dans un hôtel louche ou bloquent une rue entière pour arrêter toutes les filles, les frapper et les injurier, à la grande joie des badauds qui trouvent ce spectacle fort plaisant. Une fois les festivités terminées, elles sont emmenées à

Saint-Lazare où on les enferme et on leur coupe les cheveux. Quelle horreur, couper ses beaux cheveux roux... sa seule richesse ! Heureusement, Louise réussit toujours à courir plus vite...

Il faut aussi se méfier des dénonciations, des clients qui pourraient donner son nom contre un peu d'argent et des autres lorettes jalouses. Bref, il ne faut faire confiance à personne. Mais vendre son corps rapporte plus que les nœuds de taffetas et la future comtesse de la Bigne ne donne pas dans la dentelle ! Elle est vulgaire, parle fort, boit de l'absinthe et fume des cigarettes. Quand la nuit tombe, elle traîne le long des boulevards, alors que les becs de gaz s'allument un à un et laissent percevoir des silhouettes en chapeau. Elle choisit les lieux les plus misérables et les plus glauques pour y finir la nuit, le plus souvent ivre morte. Elle aime la saleté des trottoirs sombres et les lueurs troubles du gaz, et s'amuse de ces rencontres du hasard qui pimentent la vie nocturne de Paris.

Le dimanche, Louise court au Mabille, ce grand bal populaire où se mêlent Parisiens, provinciaux, étrangers, aristocrates et bourgeois. On se donne rendez-vous ici, dans ces beaux jardins où l'on accède par un porche monumental magnifiquement sculpté. Autour du kiosque chinois qui abrite l'orchestre, on danse la mazurka et le cotillon, on rit, on boit, on séduit et on « fuit sur les ailes de l'amour », comme dit la chanson. Entre deux danses, on s'amuse, on flâne d'une attraction à une autre, gondoles, chevaux de bois ou jeux de bagues. Là, peut-être, entre une valse et une polka, notre belle rousse rencontrera un client généreux, là ou ailleurs... au Château des Fleurs, à la Grande Chaumière, au Jardin d'Hiver dont la clientèle est plus modeste, ou encore au « rustique cabaret de barrière, coiffé de verdure comme un Bacchus antique [où l'on trouve] une hospitalité, un accueil, une habitude ! Quand vous êtes deux — botte contre bottine — on ne vous donne qu'un verre ». Même les très précieux frères Goncourt semblent y trouver leur compte !

Louise préfère de toute façon n'importe quel taudis, plutôt que de rentrer chez sa mère, mise en ménage avec un alcoolique brutal qui la roue de coups et la soûle de grossièretés.

Le destin de la jeune fille est ainsi tracé : elle fait partie de « ces aimables femmes que les blanchisseuses dévergondées mettent tout exprès au monde pour achever les jeunes gens déjà entamés par le jeu », note Albert Wolff. Et si elle s'évertue à lever la jambe dans les bals, c'est parce qu'ils constituent le meilleur marchepied pour monter sur les planches, le rêve de toute lorette. Les plus célèbres, Rose-Pompom, Mogador ou Pomaré, avaient à peine fait leurs débuts chez Mabille que, six mois plus tard, elles décrochaient un rôle dans une revue. Bien sûr, il faut aussi fréquenter les cours de danse où les jolies jeunes filles apprennent à se tenir comme il faut. Elles y sont acceptées gratuitement, afin de constituer un catalogue de premier choix destiné à attirer la clientèle masculine.

Pour sortir de son existence misérable, Louise se fait aussi embaucher comme serveuse dans les brasseries de femmes, ces nouveaux lieux à la mode dont le personnel est exclusivement féminin et peu farouche. La première de ces brasseries, celle de la mère Moreau, s'est ouverte en 1860 et depuis les clients se pressent pour venir boire une absinthe ou un verre de vin avant de prendre à minuit la choucroute traditionnelle. Les serveuses y sont jeunes et toujours prêtes à assurer des heures supplémentaires. Souvent déguisées en Normandes, en Alsaciennes ou en Provençales pour mieux attirer les regards, ces jolies créatures sont devenues une des coquetteries de Paris. En 1888, on comptera dans la capitale 224 brasseries de femmes qui emploient 1 655 filles, la plupart situées dans le quartier Saint-Georges et dans le

10e arrondissement. « De toutes les filles, la femme de brasserie est celle qui arrive le plus facilement à devenir un monstre dénué de tout sens moral. Malheur aux imprudents qui tombent entre ses mains [1] ! »

Elles suscitent chez les jeunes des passions folles et les plus malignes se constituent une clientèle fidèle qui les suit de brasserie en brasserie. Parfois, un amoureux transi se jette dans la Seine pour les beaux yeux d'une serveuse, ce qui lui fait une excellente publicité... tandis qu'on chante dans les rues :

Jusque dans la moelle pourrie
Rien sous la dent
Alors, elle rentre en brasserie
Chair à clients [2].

La jeunesse dorée court aux Vélos, 16, rue Blondel, où le champagne est servi à 12,15 francs en cabinet particulier par la serveuse de votre choix, à la brasserie des Sirènes, 86, boulevard Poissonnière, à deux pas de chez la mère de Louise, ou à la brasserie du Cygne, rue Monsieur-le-Prince. Mais le lieu le plus « in » reste chez d'Harcourt, place de la Sorbonne, où l'on engraisse des demoiselles pour jeunes gens ayant de l'argent, des fillettes qui « ont de jolis yeux, l'ivresse gaie et pour le moins des hanches. (...) Il est agréable de fumer son cigare en regardant rôder une créature qui a pour métier de plaire », notera Barrès d'un ton égrillard [3].

Les hommes ne sont pas les seuls à apprécier les charmes de la maison d'Harcourt, car « on trouve des ménages de saphistes dans le personnel des brasseries. On les reconnaît

1. A. Coffignon, *La Corruption à Paris*, 1888.
2. Jules Jouy, « Fille d'ouvrier ».
3. *Quartier latin*, 1888.

d'ordinaire à leur accoutrement. Elles sont vêtues de robes de même coupe, de même couleur, portent les mêmes bijoux, les mêmes rubans, etc., on les appelle " petites sœurs [1] " ».

La jeune Colette ira aussi, plus tard, s'encanailler dans ce lieu de perdition huppé avec les amis de Willy pour y suivre ses « Apprentissages ». Elle y apprendra la vie de bohème en sirotant sa limonade à la groseille en compagnie de Pierre Louÿs, Jean de Tinan et André Lebey, « cléments aux petites filles d'Harcourt (...) parmi lesquelles une petite Loute de dix-neuf ans, en culotte et casquette de cycliste, plus riche de perfection que toutes les beautés célèbres ».

Mais la brasserie où Louise préfère travailler est celle du Champ-de-Mars, très fréquentée par les militaires. Car la jeune lorette est fascinée par les beaux officiers, leur uniforme prestigieux et leurs longues moustaches. Elle traîne souvent dans le quartier de l'Ecole militaire-Grenelle dans l'espoir de se faire remarquer par un bel officier qui lui criera « Hue cocotte ! », grosse plaisanterie qui met en joie ces demoiselles. Elle aimerait tant que l'un d'eux, en attente d'une affectation, la choisisse comme « petite alliée », selon le terme de Claude Farrère. Car il est fréquent que les gradés prennent en main l'éducation d'une de ces jolies filles qui sortent du ruisseau :

« L'oreiller constitue la plus admirable salle d'étude qui soit : la seule où l'écolière entre les bras de son maître puisse abdiquer tout amour-propre et recevoir sans honte des leçons qu'elle paie au fur et à mesure d'un prix sans égal au monde.

« C'est un nouveau rôle que s'attribue bien involontairement l'armée, une " école polytechnique et morale " pour jeunes femmes mal élevées dont les amants sont mieux élevés qu'elles... Les jeunes femmes y apprennent de leurs

1. A. Coffignon, *op. cit.*

amis ce qu'elles n'avaient pas du tout appris jadis de leurs parents. Mais les jeunes hommes y apprennent aussi de leurs amies mille choses très précieuses que nul professeur autre n'aurait jamais pu leur enseigner... par la vie à deux [1]. »

C'est au Salon de Mars, ce bal tenu par Emile d'Ott pour les militaires « qui dansent bien, mieux que les péquins », que Valtesse a le plus de chance de rencontrer un de ces professeurs en uniforme. Il faut qu'elle soit suffisamment séduisante, aguicheuse, pour que l'un d'eux lui propose de passer quelques instants ensemble et qu'il « la raccompagne vers son quartier au risque de la salle de police. Mais la salle de police se retrouve tous les jours alors que la petite blanchisseuse au nez retroussé peut ne se retrouver jamais, et un véritable militaire aime prendre des risques [2] ! »

1. Claude Farrère, *Les Petites Alliées*, Société d'édition littéraire et artistique, 1918.

2. Alfred Delvau, *Les Cythères parisiennes*, 1864.

3

Premiers pas au théâtre

En 1864 la jeune lorette rencontre un homme qui va changer son existence. Elle a seize ans, Richard Fossey vingt. Il est doux et gentil. Louise n'a connu que des brutes... Il est de bonne famille et compte lui offrir une vie décente. Il le promet. Mais surtout, il l'aime, l'écoute et la console. Il veut la protéger, la rendre heureuse et lui faire de beaux bébés potelés. Il lui écrit des billets doux que lui porte une amie commune, Mendola. Louise est flattée, rassurée, enchantée. Sa mère, qui a mis à la porte son amant alcoolique, est ravie de ce beau parti. Bref, tout semble aller pour le mieux.

Comble de chance, un cabotin du quartier Latin fait entrer Louise au théâtre Saint-Germain (devenu depuis théâtre de Cluny) comme figurante. Le théâtre ! Lieu magique... la voie royale pour réussir et entrer dans le grand monde. Avec son teint laiteux et sa longue chevelure rousse, Louise a toutes ses chances ! Qu'importe le talent, elle deviendra actrice, elle sera connue et reconnue. Première condition pour réussir : être bien habillée, quitter ses vilaines robes de toile, porter un beau corset qui rend la taille fine et l'homme amoureux, faire frissonner ses jupons de dentelles et relever ses longs cheveux dans un joli chapeau...

Mais dans ce doux rêve manque l'essentiel : l'amour. Ce fiancé représente surtout l'espoir d'une vie meilleure. Celle dont on dira qu'elle n'a pas de cœur se laisse adorer par son gentil Fossey, premier amant transi d'une longue série qui ne fait que commencer. Mais, tout cela, Louise l'ignore encore.

Elle n'est qu'une adolescente comme bien d'autres, mal dans sa peau et dans son corps de bonne Normande qui attend que son Fossey lui passe la bague au doigt. En espérant ce grand jour, elle continue de sortir, de voir du monde et de... boire ! Elle arrive souvent ivre au théâtre où son talent n'impressionne personne : timide, malhabile mais jolie et ce n'est déjà pas si mal ! Au jeu de scène, elle préfère celui de la prunelle... La rousse aux yeux bleus finit donc par se faire remarquer par M. Soëge, personnage important et ventripotent qui connaît presque tous les directeurs de théâtre. Il va l'aider, en échange de quelques faveurs...

En cette fin d'Empire, monter sur les planches, c'est déjà gravir une marche vers la galanterie, la prostitution de haute volée. On fait partie d'un catalogue de filles que viennent regarder, comparer, critiquer et choisir les amateurs de chair fraîche. Chacun détaille la cuisse ou la paire de seins qui l'émoustille avant d'aller conclure un marché dans les loges.

Tout est prévu et parfaitement organisé dans cette foire aux cocottes dont les règles sont codifiées, comme l'explique Alphonse Lemonnier dans *Les Femmes de théâtre*, roman de mœurs de 1865 : si la jeune actrice n'est pas assez séduisante ou trop farouche, son contrat sera vite résilié ou elle sera condamnée à de petits rôles sans importance. En revanche, si elle a la chance d'être jolie et peu regardante sur la main baladeuse, un monsieur en belle redingote finira par lui offrir « un cachemire et deux robes si elle consent à dîner avec lui ». Il l'emmènera à la Maison d'Or ou au Café Anglais, où se retrouvent des femmes à la mode qui portent de belles toilettes et de grands chapeaux pleins de plumes, où des messieurs importants fument de gros cigares.

Pour nous l'expliquer, les Goncourt n'y vont pas par quatre chemins, comme en témoigne ce dialogue :

« Je savais que votre théâtre...

— Dites mon bordel, interrompt Bordenave, le directeur. J'ai un loyer de 30 000 F. Je ne peux pas payer mes comédiens plus que 50 à 60 F par mois. Elles sont obligés de “ raccrocher ” dans la salle pour cinq sous. Ça ne me regarde pas, j'ai 30 000 F de loyer [1]. »

Le cynisme et l'hypocrisie vont de pair et l'on ne peut s'empêcher de sourire devant le scandale provoqué par le groupe *La Danse*, sculpté par Carpeaux pour l'Opéra, unanimement accusé par la presse d'« attentat à la pudeur ». Il fallut le cacher derrière un abri, puis, quand on voulut le mettre au Foyer des Dames, les danseuses protestèrent, très choquées de voir « souillés par la présence de statues indécentes leurs tutus de travailleuses honnêtes ».

Le monde du théâtre n'est qu'une vaste comédie : il suffit d'y bien tenir le rôle que l'on vous attribue. C'est un réseau de prostitution que personne n'ignore. Certains s'en désespèrent, tel Alfred de Vigny qui, déjà en 1844, dans « La Maison du berger », suppliait Marie Dorval (Eva) de quitter ce lieu de perdition :

Pars courageusement, laisse toutes les villes
Ne ternis plus tes pieds aux poudres du chemin.

D'autres s'en réjouissent et en jouissent. Quitte à s'en faire un métier. L'un des plus réputés parmi ces mondains de haut vol est « le gros Bayer », auteur du « système Bayer ». Cet imprésario pour filles de luxe traîne dans les loges afin de repérer ses proies. Il choisit la débutante la plus belle et la plus croquante, l'enivre de promesses alléchantes et de compliments galants. Il l'installe dans un appartement, lui achète une garde-robe digne de sa beauté, puis la sort dans les lieux à la mode et lui procure de petits rôles pour qu'elle

1. *Journal* des Goncourt, mai 1854.

se fasse remarquer. Bientôt, un monsieur ne manque pas de tomber amoureux d'elle et l'« achète » en remboursant Bayer de son investissement, avec intérêts et principal. De quoi financer quelques robes pour la prochaine...

Le principe est sans faille, mais comment s'étonner que les jeunes actrices perdent vite leurs illusions et leur tendresse ? Comment ne pas comprendre la haine que Louise finira par vouer aux hommes et toutes ces blessures qu'elle va leur faire payer ? Elle veut bien accepter les règles du jeu pour sortir de la misère, mais un jour, c'est elle qui mènera la danse !

Pour l'instant, Louise doit continuer à jouer au théâtre qui reste le meilleur moyen de découvrir ce monde de noctambules qui la fascine, rencontrer ces fêtards qui passent de restaurants en cafés, le long du boulevard des Italiens, entre 11 heures et 1 heure du matin. Le restaurant est devenu un lieu essentiel dans ce XIXe siècle qui adore manger. La vie mondaine de Paris ne manque pas d'opulentes célébrités : on se souvient encore du spectacle d'Honoré de Balzac qui bâfrait la serviette autour du cou ou de la chanteuse comique à la mode, Suzanne Lagier, dont les obscénités ont fait autant rire que les formes. « Elle mangeait comme quatre », dira Flaubert qui ne se lasse pas d'écouter les plaisanteries cochonnes de cette gourmande spirituelle que l'on devra enterrer dans un cercueil spécial extra-large. On aime les rondeurs du corps et de l'esprit et Mme Demay fait remuer les bedaines de rire quand elle chante à l'Alcazar :

J'suis pas taillée en échalas,
J'ai du ballon et d'la plastique
En un mot, ça s'voit, je ne suis pas
Comme tout' ces femmelettes
Aux charmes exigus
Moi, j'casse des noisettes
En m'asseyant d'ssus !

Quant à l'imposant Alexandre Dumas, aussi connu pour ses romans que pour son appétit, il a la chance d'être grand. « Sa taille de tambour-major est cause qu'il ne paraît pas aussi gros que ses rivaux en génie », constate avec envie un de ses compagnons de gourmandise, Théophile Gautier, lui-même surnommé « le père de famille rabelaisien ».

Tous ces personnages font rêver Louise car, enfant, elle n'a pas toujours mangé à sa faim. Une taille grassouillette est signe d'aisance et la nourriture est un sujet inépuisable. Les fourchettes et les langues vont bon train dans ces beaux restaurants. Entre deux bouchées de turbot sauce aux câpres, on rit des poignées d'amour du baron Léon Brisse, l'un des premiers écrivains-gastronomes, si gras qu'il lui faut deux places dans la diligence et dont on dit que « son chapeau lui sert même de garde-manger ». On mange à en rire, on mange à en mourir. Le père Gourier est un étrange client bien connu des restaurateurs qui l'ont surnommé « l'assassin à la fourchette » car il choisit chaque année un invité avec qui il tue le temps dans un duel culinaire. C'est à celui qui mangera le plus. Il en épuisera plusieurs, morts d'une indigestion de foie gras ou d'un coup de sang après une viande trop riche, jusqu'à ce qu'il tombe sur un solide gourmand, nommé Ameline, assez astucieux pour se purger régulièrement avec un régime à l'huile de ricin. Après un duel de quatorze années, une quatorzième tranche d'aloyau triompha de Gourier. A force d'estomac, le cœur succomba.

Louise a aussi entendu parler de ce client du restaurant Peters qui vient tous les quinze jours pour un dîner avec six convives, commandé dans les moindres détails. Mais les invités n'arrivent jamais et leur hôte est toujours obligé de commencer seul et de manger les sept dîners durant quatre heures, scrupuleusement. Puis, il repart heureux, quoique légèrement étonné de l'inexactitude tout à fait regrettable de ses amis. Pour revenir deux semaines plus tard, avec le même appétit.

C'est ce drôle de monde qui croque les cuisses de poulet, la vie et les diamants à pleines dents que notre jeune actrice découvre grâce à M. Soëge.

Depuis que l'Empereur s'est tourné vers les libéraux et tente de trouver un compromis politique, on respire à Paris une nouvelle liberté grisante et frivole. Les étrangers qui viennent se promener le long des boulevards ne reconnaissent plus la capitale qu'ils ont connue sous Louis-Philippe. Ils y croisent d'étonnants personnages comme les frères Goncourt, insolents et implacables, qui osent attribuer à Napoléon III « un air de fausse pièce » et comparer George Sand à « un sphinx ruminant comme une vache Apis ».

En traînant leur regard moqueur d'un salon à un café, les deux frères décrivent, jour après jour, ce monde brillant, drôle et méchant, et gloussent de joie quand Aurélien Scholl, réputé pour ses bons mots, remet en place son monocle pour déclarer : « Madame Feydeau aime tellement son mari qu'elle prend les maris des autres pour ne pas user le sien » ou : « Quel besoin de se venger d'une femme ? La Nature s'en charge : il n'y a qu'à attendre. »

Louise rêve de faire partie de cet univers séduisant et cruel. Pour commencer, la jeune figurante quitte le théâtre Saint-Germain et entre comme actrice aux Bouffes-Parisiens, grâce à Soëge... La petite grue découvre, émerveillée, cet établissement pittoresque avec ses grands décors qui disparaissent dans le ciel et redescendent comme par magie, ses plafonds bardés de ponts volants et de toiles de fond étalées comme des linges qui sèchent, les couloirs étouffants et surchauffés, les loges où pérorent des créatures aux coiffures insensées et aux longs pendants d'oreilles qui caressent leurs épaules nues, toutes ces pièces où traîne une odeur forte mêlant le gaz, les dessous douteux des figurantes, le savon, le musc des fards et l'eau de toilette. Pour la jeune actrice, ça sent déjà le grand monde ! La crasse, aussi... dans ces loges où s'entassent une quinzaine de filles à demi nues, entre les cuvettes et les pots de chambre, les bouquets de fleurs, les assiettes sales et les poudres. Tout ce beau monde caquète comme des poules en pouffant de rire, au milieu du ballet incessant des habilleuses qui courent d'un jupon à un autre, le corsage bourré d'épingles. Et puis, ces bruits qui viennent d'un peu partout, ceux des machinistes, les appels, les acteurs qui chuchotent, le rideau qui s'ouvre, les ovations du public, ses cris d'étonnement et ses applaudissements... tout ce qui vous prépare enfin à la gloire !

Ici, tout le monde se connaît : « viveurs », journalistes, actrices et hommes du monde se retrouvent joyeusement dans cette petite salle du passage Choiseul — sans jamais emmener ni leur femme ni leur sœur — et attendent la « surprise » du jour. Ce n'est pas aux Bouffes-Parisiens qu'on assiste à du grand théâtre... mais on s'y amuse !

Les acteurs sont des bouffons et les actrices « gagnent à être connues », comme dit le dessinateur Gavarni. On vient surtout voir, en chair et en os, des « horizontales » de premier choix, ces créatures qui défraient la chronique et font des scandales dans les lieux publics, toutes ces biches dont le théâtre est devenu le trottoir privilégié...

Louise n'en fait pas encore partie et les chroniqueurs de l'époque se souviennent à peine de cette rousse « toute jeunette et maigrelette », portant le travesti d'Hébé dans la nouvelle version d'*Orphée aux Enfers*. Ses prestations ne laisseront guère de souvenirs dans les annales du théâtre. Patience, ce n'est qu'un début, Louise apprend à jouer sur la scène et dans la vie. Elle observe, regarde, écoute les confidences des aînées :

« Mets ton cœur dans ta poche et ton mouchoir pardessus, lui dit l'une d'elles. C'est un accessoire dont il faut savoir se passer pour être heureux ici-bas. Il ne vous fait faire que des bêtises pour ces monstres d'hommes (...). Avant de rien accorder, fais-toi payer. Ensuite, quand tu seras une femme chic, au lieu de t'amuser à jeter les richesses par la fenêtre, garde une poire pour la soif. Place ton argent, spécule, et quand tu n'auras plus vingt ans, tu pourras au moins te consoler de tes charmes perdus avec de grosses rentes à l'aide desquelles tu épouseras Monsieur N'importe qui, lequel t'apportera en dot son nom, sa jeunesse et c'est assez... je te le répète, n'aie qu'un seul but l'argent [1]. »

Louise aura bien appris la leçon : alors que la plupart des courtisanes connaissent le luxe, jouent les cigales et finissent dans la misère, elle sera une des rares à gérer parfaitement sa carrière et à s'établir une fortune solide. Elle a vu dans la rue ces vieilles ivrognes, qui furent si belles dans leur jeunesse, traîner en haillons pendant que les gamins leur lancent des pierres en riant : « Sale roulure, retourne avec les chiens ! » Jamais, jamais cela ne doit lui arriver. Mais combien sont-elles à ne pas laisser filer l'argent comme le sable entre les doigts ?

Marguerite Duplessis sera obligée d'aller dix-neuf fois au Mont-de-Piété, poursuivie par son grainetier pour l'entretien de son perroquet ou par le marchand de lingerie. Blanche d'Antigny finira sa vie dans la misère et la richissime Anna Deslion mourra dans un petit appartement minable de la rue Taitbout, oubliée de tous. Louise ne veut pas d'un tel destin : elle sera riche... jusqu'à sa mort !

1. Alphonse Lemonnier, *Les Femmes de théâtre*, éd. A. Faure, 1865.

4

La fin d'un Empire

Pour l'instant, Louise doit faire ses preuves. Mais une fois que l'on a posé un doigt de pied sur une scène de théâtre, se lancer dans le métier n'est guère difficile. En ces années 1860, Paris se sent d'humeur légère. Il y règne une formidable joie de vivre, insouciante et grisante, qui s'estompera avec l'avènement de la IIIe République et cessera au siècle suivant avec le coup mortel de la Première Guerre mondiale.

Pour le moment, on oublie ses soucis dans les rires et les bras des autres. L'ambiance est merveilleusement décadente et l'Empereur lui-même change de maîtresse comme de chemise. Selon ses propres mots, il apprécie une femme « comme on jouit d'un bon cigare après le dîner ». Pas très exigeant sur la marchandise, il adore fréquenter les catins et quand on lui demande la différence entre une femme du monde et une courtisane, il répond : « Un jardin en lequel nul ne met le pied contient d'excellents fruits que goûte seul son propriétaire. Pourquoi un jardin ouvert à tous ne renfermerait-il pas d'aussi délicieux produits ? »

Dénué de pudeur, l'Empereur ne ferme jamais la porte de sa chambre, comme le raconte Maxime Du Camp dans ses *Souvenirs d'un demi-siècle* : « Il se pavane, se compromet, se déshonore. Le matin, il y a toujours quelques jupons qui traînent dans ses appartements privés. »

Les mœurs de l'Empire sont si débridées que les courtisanes n'hésitent pas à faire revivre le fameux « Parc-aux-Cerfs » de Louis XV. Pour satisfaire ses besoins libertins, le roi avait acheté en 1755 une jolie demeure bâtie dans un ancien parc d'élevage de cerfs, afin d'y loger ses maîtresses. Toutes ravissantes, très jeunes pour éviter les risques de maladies vénériennes, peu farouches et le plus souvent d'obscure naissance, elles avaient pour mission d'amuser le roi quelque temps avant de repartir, mariées à des messieurs complaisants ou généreusement dotées (un peu trop, au dire des pamphlétaires qui exploitèrent ce sujet par tous les bouts). On peut d'ailleurs voir aujourd'hui à la pinacothèque de Munich le tableau de Boucher, *L'Odalisque blonde*, qui immortalise le visage — ou plutôt les rondeurs — de la belle Irlandaise Nelly O'Murphy qui y résida trois années. Si Mme de Pompadour encouragea cette maison des plaisirs afin de mieux surveiller son amant, Mme du Barry, beaucoup plus jalouse, obligea le roi à la fermer en 1771.

Un siècle plus tard, on voit donc réapparaître un « Parc-aux-Cerfs », mais sans la participation du souverain : cette fois-ci, ce sont les demi-mondaines elles-mêmes qui en prennent l'initiative. Lassées d'une société trop conformiste, elles créent une sorte d'association du plaisir, un club très fermé, et louent une vieille demeure, dans un vieux faubourg ouvrier loin du cœur de Paris. Elles lui laissent sa façade décrépie pour plus de discrétion et aménagent magnifiquement l'intérieur afin de s'offrir un cadre digne de leurs ébats. Dès lors, ce nouveau Parc-aux-Cerfs devient un lieu mystérieux, excitant l'imagination des contemporains.

Les « horizontales » s'y retrouvent entre elles, n'y invitent que des hommes triés sur le volet et appartenant aux classes les plus élevées de la société, qui les protègent de la police.

Pour y être admis, mondains et viveurs rivalisent d'imagination et proposent de véritables fortunes... sans succès car les réunions hebdomadaires dans ce temple de l'amour sont soumises à un règlement très strict qui n'obéit qu'à une loi, celle de la volupté. Ainsi, chaque membre de l'association se retrouve successivement « de semaine », avec pour mission de trouver de nouvelles positions, d'innover, d'étonner afin de perfectionner l'art de la galanterie et d'éviter toute monotonie. Si la préposée de la semaine déçoit l'assemblée, elle doit verser une forte amende. L'argent accumulé servira à offrir un beau cadeau à la plus... inventive de toutes.

Cette émulation du plaisir donne lieu à des scènes savoureuses que les heureux témoins ont la pudeur de laisser à notre imagination. Toutes ces rumeurs finirent par allécher quelques femmes de la haute société qui, à force de supplier leurs amis, réussirent à y être acceptées pour une soirée. Mais on dit qu'elles furent déçues : les courtisanes leur ont fait visiter toute la demeure, de la cave au grenier, leur laissant sous-entendre moult scènes sulfureuses, puis les ont aimablement raccompagnées à la porte d'entrée. Les finaudes... elles n'allaient tout de même pas dévoiler leurs secrets ! Comme l'a très bien résumé Alphonse Allais : « Un amant, c'est de l'amour, deux amants, c'est du tempérament, trois amants, c'est du commerce. »

Il ne faut pas tout confondre. Et ces messieurs adorent trop leurs lionnes pour ressentir la moindre culpabilité. Ils demandent clémence et respect, comme F. Loliée :

« Il est des péchés pour lesquels il n'est pas défendu d'être indulgent et le péché d'amour me paraît être de ceux-là. Ils aimèrent à leur façon. Ombres charmantes, on ne saurait le nier, d'un temps aimable. Que leurs baisers envolés soient légers à notre appréciation, comme ils l'étaient à leurs lèvres [1]. »

1. In *L'Amour à Paris sous le Second Empire*, 1890.

Les hommes s'amusent dans ce nouveau Parc-aux-Cerfs où sont données des fêtes retentissantes, comme celle organisée par l'un des familiers de l'endroit, homme de cour spirituel et élégant. Tout le monde avait été prévenu : chaque femme porterait un masque et devrait dès l'entrée quitter le bras de son cavalier pour devenir totalement libre, quel que fût le rang de ce dernier et quelle que fût leur relation. Manifestement, ces conditions draconiennes n'ont pas refroidi les messieurs qui se sont tous précipités, bien accompagnés, pour « voir » ça.

Les courtisanes ne sont d'ailleurs pas les seules à fonder des associations. La mode est au club féminin où l'on peut passer un bon moment ensemble, loin du monde des hommes. Des plus classiques aux plus saugrenus : le club des Laides rassemblent des créatures spirituelles et pas si déplaisantes qu'elles le disent, les membres du club des boiteuses savent comment faire marcher droit leur mari et le club des Loutonnes regroupe des femmes dites « viriles ».

On s'amuse donc en ce Second Empire, car c'est bon pour l'économie et le prestige de la France. L'époque est au rire et à l'oubli. Le gouvernement — ou « les Tuileries » comme on dit — laisse le bon peuple s'amuser dans cette ambiance de farandole, trop content d'étouffer les voix des contestataires républicains et anarchistes. Qu'importe les râleurs, le progrès donne de tels espoirs, le machinisme promet tant de bonheur ! Les premiers grands magasins, où l'on peut acheter une foule de choses étonnantes fabriquées avec les nouveaux moyens de l'industrie, sont apparus dans la capitale, la lumière du gaz se répand et donne à la nuit une beauté différente. L'aménagement de l'éclairage public permet de festoyer jusqu'à l'aube dans la nouvelle « Ville lumière ». On découvre, ébahi, les monuments au crépuscule, on flâne devant les vitrines des magasins jusqu'aux heures enfouies dans la nuit... c'est une explosion de splendeur et de joie.

Les fêtes se succèdent dans les hôtels particuliers et l'impératrice Eugénie relance les fastes de la cour. Bals somptueux, réceptions sublimes, courses en chapeaux fleuris et comédies amusantes... L'Empereur adore les tableaux vivants, des scènes composées de femmes, seules ou en groupe, qui prennent la pose, déguisées en nymphes ou en naïades, les cheveux poudrés d'or, pour figurer « Les cinq parties du monde » ou « La naissance de Vénus ».

C'est sans doute lors d'un de ces « tableaux vivants » que Napoléon a rencontré Louise. Portant à merveille le péplum sur lequel glissent ses longs cheveux roux, elle sait aguicher en un regard cet amateur de jolies femmes. Si son aventure avec Napoléon III reste embuée de mystère, Louise saura s'en servir comme d'une véritable opération marketing, dirait-on aujourd'hui. Elle en parle à ses amis et fait courir des rumeurs sur ses nuits torrides avec l'Empereur. Dès qu'elle pourra se l'offrir, elle commandera même un magnifique vitrail représentant l'allégorie de ses amours impériales pour renforcer sa légende.

Pour l'instant, Louise tente de tirer son épingle du jeu cruel et joyeux de la vie. Au théâtre, elle passe des soirées à écouter ses amies plus expérimentées lui parler des hommes, de l'argent et des belles toilettes. Elle aimerait bien faire partie du beau monde. Grâce à son Richard, peut-être... Il l'aime tant !

D'ailleurs, il a tenu ses promesses : il la protège, veille à sa vertu — avec difficulté il est vrai — et lui fait des enfants ! En 1867, Louise met au monde une petite Julia-Pâquerette, puis l'année suivante sa sœur Valérie-Albertine. Mais si elle veut bien jouer à la femme mariée avec des bagues à tous les doigts, pouponner des bébés rougeauds et pleurnichards ne l'intéresse absolument pas. Ses deux filles sont aussitôt mises en nourrice, surveillées par sa mère

Emilie. D'autant que l'alcoolisme a fait des ravages, les petites ne semblent guère avoir hérité des charmes de leur mère. La première est malingre et d'une santé fragile. La seconde est infirme et laide. Jolis, les enfants de l'amour ! Louise ne s'en occupera jamais vraiment. La seule chose qui compte, c'est le mariage... Mais les deux tourtereaux ont oublié le père de Richard. Comme dans les mauvais contes de fées, il devient fou furieux à l'idée d'une union officielle et refuse catégoriquement cette grue rousse, déjà mère deux fois. Scandale. Cris et larmes. On est en pleine tragédie. Le fils à papa est expédié d'urgence en Algérie, après des adieux déchirants et des promesses d'amour-toujours.

En attendant le retour de son prince charmant, Louise se console rapidement dans d'autres bras musclés... La chair est faible et le temps long. Et Richard n'a pas le cœur du lion mais celui de l'agneau. Dans son exil, ébloui par le regard de braise d'une belle Algérienne, il délaisse sa dulcinée. Il épouse la brune et oublie la rousse. Louise pleure, un peu, le temps de perdre ses dernières illusions :

« Je dus croire que l'amour ne résistait pas au temps ni à la séparation. Une fois seule je connus la misère assez pour me brouiller irrévocablement avec elle. Alors, je devins mauvaise, dure, mon cœur s'atrophia... », écrira-t-elle plus tard dans *Isola*.

Louise apprend la vie et oublie vite ses malheurs dans cette France papillonnante. Elle décide de renoncer au mariage. Pourquoi se soumettre à un homme qui peut vous trahir, vous abandonner ? Elle veut conduire sa vie seule et ne plus s'intéresser qu'à elle-même. D'autant que l'époque lui laisse toutes ses chances. Il lui faut se hâter de profiter de ces opportunités nouvelles, de ces étrangers accourant du monde entier pour admirer les travaux de Paris qui ont coûté la somme astronomique de 2 milliards 115 millions. Ceux que l'on appelle les Brésiliens, même s'ils ne le sont pas, viennent éparpiller leur fortune dans les bras des Parisiennes, distribuer des pourboires fabuleux et s'enivrer de champagne.

L'argent, le luxe... Les « Tuileries » ont donné le mot d'ordre : « Dépensez » et les Français, de réputation si économe, ont vidé leur bas de laine. C'est l'« âge de la crinoline », dont l'opulence économique est assortie à celle des femmes que l'on aime rondelettes et charnues. Pour envelopper le tout, on leur a inventé cette fameuse monture de fer qui maintient des jupons de plus en plus amples, noyés sous le taffetas et les cascades de volants, les glands et les bouquets de violettes artificielles qui rehaussent une deuxième robe tombant à mi-hauteur... ouf ! Dans les salons, ces messieurs s'amusent de la frivolité tyrannique des femmes. Que de situations les font rire dans leurs moustaches, que d'œillades échangées quand une crinoline ne peut pas passer par une porte, qu'il faut que Madame se retourne et refasse son entrée, avec le sourire s'il vous plaît ! Quand le tulle prend feu à côté d'une cheminée, on doit se jeter sur Madame et gifler toute cette exubérance de soie — quelle joie ! — afin de terrasser les flammes.

Dans leurs plus beaux atours, les Parisiennes minaudent derrière leurs éventails en plume d'autruche et les aristocrates jettent à leurs pieds toute leur fortune pour un simple regard langoureux. Le bois de Boulogne est devenu le lieu permanent d'un défilé de mode où chacun vient parader en espérant s'« acheter » un rendez-vous galant. C'est le triomphe des courtisanes frivoles et vénales, un phénomène social qui révolutionne les mœurs, une nouvelle caste qui tient le haut du pavé et que l'on nomme la « tribu des archidrôlesses ». Louise veut faire partie de cette tribu et posséder, un jour, elle aussi, un hôtel particulier somptueux sur les Champs-Elysées, des salles de bains aux robinets incrustés de diamants, des laquais poudrés et des voitures à huit ressorts. Un luxe inouï, scandaleux, provocant : « Quand je vois votre hôtel, dit Alphonse de Rothschild à une de ces grandes cocottes, le mien me paraît une masure. » Même les femmes du monde, si discrètes, en robe sombre, cachées derrière les rideaux de satin de leurs appartements du quartier Saint-Honoré, lancent des regards envieux à ces filles insolentes qui font courir leurs maris.

« On voit des femmes réputées honnêtes envier sans bien s'en rendre compte les femmes de l'autre espèce, non parce qu'on les aime, mais parce qu'on les paie follement cher », s'étonne la comtesse de Martel, qui écrit sous le pseudonyme de Gyp.

Dans *Les Lionnes pauvres*, Dumas fils — futur grand ami de Louise — parle de ces petites bourgeoises qui se prostituent, en cachette de leur mari, pour s'offrir de belles toilettes. Le thème du mari cocu fait d'ailleurs hurler de rire le public de Feydeau dont c'est devenu la spécialité :

« Il y a deux choses dans la vie, d'abord l'amour qu'on éprouve et c'est ce qu'il y a de plus agréable, mais c'est un luxe. Puis l'amour qu'éprouvent les autres, et celui-là donne le luxe. »

Dans ce monde facile, on se moque des femmes vertueuses et des couples unis. Alors, même celles qui ont été élevées au couvent se surprennent à rêver de découvrir les secrets des « impures ». Elles font copier leurs chapeaux, commandent à leur couturière les mêmes robes aux couleurs si voyantes, vert laurier ou jaune Vésuve, tous ces jolis tons que l'on obtient maintenant grâce à de nouveaux colorants artificiels. Elles veulent aussi aller aux courses de Longchamp dans un landau doré tiré par des chevaux blancs, se promener le long des tribunes et « balayer » le sol de leur crinoline en faisant de la poussière, parce que c'est « in », comme disent les snobs.

Et puis, elles veulent s'habiller chez Worth ! Intronisé

par l'Impératrice elle-même, cet « artiste en robe », premier homme à habiller les femmes (avant, on ne s'adressait qu'à des couturières), révolutionne la mode avec son égérie, Pauline de Metternich, qui pèsera de tout son poids de taffetas dans sa renommée. Epouse de l'ambassadeur d'Autriche, cette jeune femme de vingt-deux ans, d'un chic absolu, est renommée pour ses reparties : et quand l'Impératrice lui demande un jour : « Comment faites-vous pour retenir votre mari ? », la belle Pauline répond sans hésiter : « Je lui casse une patte tous les matins ! »

Fasciné par sa prestance et son élégance, Worth réussit à convaincre cette « folle de mode » de porter une de ses toilettes à la cour. Le résultat dépasse toutes ses espérances : elle fait sensation. Dès lors, l'influence du jeune Anglais va être immense, il va bouleverser l'élégance féminine et inventer l'idée même de haute couture. Aux Etats-Unis et dans toutes les cours d'Europe (à part celle d'Angleterre car la reine Victoria porte le deuil du prince Albert et trouve indécent de se faire habiller par un homme), on raffole du style Worth, le « must des must », une mode luxueuse, spécialisée dans les robes de bal. Louise fera partie de ses clientes quand elle construira sa réputation de « femme de mode » en osant porter les toilettes les plus excentriques, les plus courtes, les plus longues, celles qui laissent le plus deviner ses formes appétissantes.

Car Worth invente sans cesse. Il dessine pour la princesse de Galles, Alexandra, la robe princesse, d'une seule pièce sur le devant, avec son dos très ample et de forme allongée. Il crée la robe tunique et lance la vogue de la dentelle mécanique. Mais surtout, il sait s'adapter au progrès, utilise la machine à coudre, à broder, le métier à dentelle et des colorants aux tons rares. Avec un sens commercial exemplaire, Worth conçoit le défilé de modèles, portés par des mannequins vivants que l'on nomme les « sosies », et généralise le principe des collections saisonnières, qui vont imposer deux fois par an ce qu'il faut porter ou non.

Les hommes suivent avec étonnement cette passion subite pour Worth : « La crinoline est abandonnée et les femmes se mettent maintenant dans des fourreaux de parapluie », s'amuse Mérimée.

De fait, on les croise toutes chez Worth, notamment les « dégrafées », les horizontales qui « font » la mode et indignent les bien-pensants, comme cet auteur anonyme d'un ouvrage sur *Ces dames du grand monde* :

« Madame arbore un soupçon ridicule de chapeau, un petit corsage... cynique, à force d'être consciencieux, avec une petite, toute petite jupe de soixante-quinze centimètres de longueur, bien collante et qui ressemble presque autant à un caleçon de bain qu'à une robe... comme le plat du jour du consommateur. Avec tant de laisser-aller, de générosité dans les attitudes, on semble vraiment ne plus s'appartenir et appartenir... à tout le monde... Quelle rage pousse donc la femme honnête à revêtir la livrée du vice, livrée qui trompe souvent sur la position sociale de celle qui la porte ? »

Cette rage, c'est celle de la liberté. Les lionnes fascinent parce qu'elles n'appartiennent à personne et ont imposé leur loi aux hommes, jaloux par tradition, mufles par habitude. Elles n'ont qu'une règle, celle de l'argent ! Elles passent des marchés, imposent des conditions, font signer des contrats. Et parmi elles, Louise sera la plus dure, la plus draconienne.

« La femme galante est un billet de circulation qui prend d'autant plus de valeur qu'on y lit plus de signatures [1] », explique Arsène Houssaye qui connaît les bonnes choses.

Ces femmes volages inscrivent leurs proies sur un tableau, comme la duchesse Hotspur qui, pour se souvenir

1. Arsène Houssaye, *Les femmes comme elles sont*, 1857.

du nom de ses nombreux amants, doit graver leurs initiales sur un évantail. Mais Dieu, qu'un éventail est petit !

Pas un amant n'irait quereller un concurrent. Pourvu qu'on ait son heure, et que Paris le sache ! On exhibe sa maîtresse comme on montre ses écuries ou son château, c'est un signe extérieur de richesse. Celui qui a la chance de pouvoir s'offrir une lionne fera pâlir d'envie ses amis. C'est la règle du jeu, perverse et tragique, que tous acceptent, amoureusement.

5

La naissance de Valtesse

Depuis son chagrin d'amour avec Richard Fossey, Louise n'est plus la même. Ayant perdu ses dernières illusions, elle a décidé d'arriver au sommet de la galanterie, coûte que coûte. Elle a observé, étudié, écouté et se sent prête aujourd'hui à conquérir Paris. Tout d'abord, elle rompt avec sa famille qui n'est qu'un poids. Elle ne veut plus s'encombrer des reproches des uns, des difficultés des autres. A chacun ses problèmes ! La jeune femme a assez à faire avec sa propre existence ! Dorénavant, elle refuse donc de voir ses six frères et sœurs et n'entretient plus que des relations distantes avec sa mère. Car il faut bien que quelqu'un s'occupe de temps en temps de ses deux filles ! Louise ne va quasiment jamais les voir et se contente de les entretenir financièrement.

Ensuite, pour mieux illustrer sa métamorphose, elle abandonne son prénom trop commun, sans personnalité, et se choisit un nom de guerre : Valtesse. Valtesse est la contraction de Votre Altesse, au cas où tous ces benêts n'auraient pas compris car... elle sera leur reine !

L'idée en inspirera d'autres. Emilie, sa sœur aînée, qu'elle n'aime guère, a choisi elle aussi la prostitution. Pour l'imiter — et la narguer — cette dernière va bientôt se doter d'un surnom du même genre, Marquesse, afin de tenir sa maison close avec plus de prestance.

Quand Louise — pardon, Valtesse — remonte sur les planches des Bouffes-Parisiens, le public ignore qu'il a devant les yeux la future « Reine-Soleil », celle qui sera l'une des dernières grandes courtisanes du siècle, qui fera fantasmer les hommes les plus riches, inspirera les écrivains et les peintres, menant sa carrière d'une main de fer dans un gant de satin.

Le 7 décembre 1869, après une éclipse de trois années comptant deux enfants et un chagrin d'amour, Valtesse apparaît dans *La Princesse de Trébizonde*, interprétant — toujours aussi mal — le rôle d'un petit page. Sa voix est trop fluette mais sa culotte de satin, beaucoup plus rebondie, retient l'attention de tous ces messieurs qui connaissent la musique. Ils l'écoutent ou plutôt la regardent chanter, avec la troupe.

D'un bout à l'autre du palais
Que notre patrouille se montre
Et si quelque intrus s'y rencontre
Sachons déjouer ses projets.
Faisons notre ronde
Marchons au pas !
Car la nuit s'étend là-bas.
Ayons la main leste
Et l'œil au guet
Qu'en ces lieux ne reste
Nul indiscret.

Arnold Mortier et Armand Gouzien, dans leur fameuse chronique « Frou-frou » qui amuse tant les lecteurs du *Gaulois*, sont les premiers à remarquer cette nouvelle figurante :

« Rousse comme une vierge du Titien. Ne pousse pas

plus loin que cela la ressemblance. Très timide sur la scène. Se cache derrière ses camarades. A l'orchestre, on s'en plaignait. »

Ne soyez pas trop impatients, messieurs, la timidité de Valtesse ne va pas durer. Quatre jours plus tard, Tréfeu, Prével et Offenbach lui confient son premier petit rôle dans leur opérette en un acte, *La Romance à la rose*. Elle interprète une jeune veuve américaine millionnaire et excentrique, Mrs Johnson, qui répond aux déclarations enflammées de son amoureux en fredonnant d'un air enjoué :

Oh ! Very good ! Oh ! Very well
Joli, charmant, spirituel.

Et son amoureux de répondre par une romance qui pourrait avoir des accents prémonitoires :

Ton destin, belle rose,
N'a pas même un printemps
Car la main qui t'arrose
A compté ses instants !
Briller et disparaître
Voilà ton avenir
Le jour qui te vit naître
Te voit aussi mourir.

Malgré son médiocre talent, Valtesse semble plaire à Offenbach puisqu'elle interprète aussi le rôle de Berthe dans l'opéra bouffe *La Diva*.

On commence à remarquer la rousse au teint de lis, mais elle est trop intelligente pour ignorer ses faiblesses et cerne vite ses limites sur la scène. La jeune femme préfère utiliser d'autres talents pour se bâtir une fortune plus rapidement. La vie d'artiste, ce n'est pas pour notre lionne ! Valtesse a décidé d'être la plus grande dégrafée de Paris, car pour devenir riche et célèbre, cela reste le moyen le plus simple.

Il ne se passe pas, en effet, une semaine sans que la presse, cette merveilleuse complice, ne relate les frasques d'une courtisane. Valtesse veut devenir aussi connue que la fameuse Anna Deslion, celle qui ose ne pas porter de corset, celle qui se permet tous les caprices. Quand elle accorde à un homme l'honneur d'une nuit, par exemple, elle lui fait envoyer la veille une ravissante tenue légère avec robe de chambre, pantoufles et jupons à volants assortis, le tout dans une couleur choisie en fonction de la personnalité de Monsieur et accompagné d'une facture... beaucoup plus lourde. Les plus grands se sont battus pour ses faveurs et quand, un soir, en bas de son escalier, le prince Napoléon, cousin de l'Empereur, rencontre par mégarde le vaudevilliste Laurent Thibaut, ils s'écrient :

« Trompé par un homme d'esprit, c'est encore du bonheur !

— Déshonoré par une Altesse, c'est encore un honneur ! »

Quel sens du partage... Ils devaient penser comme Arsène Houssaye que « le cœur de ces femmes ressemble toujours à une cathédrale. L'autel de Dieu est dans le chœur, mais que de petites chapelles dans les bas-côtés ! ».

Pour éviter ce genre de mésaventure, Valtesse fera construire dans son hôtel particulier un escalier dérobé, loin des regards. La jeune femme apprend les tuyaux du métier, discute avec les uns, se tient au courant grâce aux journaux, et prépare d'une façon très tactique son arrivée dans le grand monde.

Pour établir sa carrière, elle va choisir la discrétion, quand la plupart des autres préfèrent l'exhibition, comme la Païva, par exemple, dont le train de vie luxueux est « effrayant », selon Delacroix, et les provocations célèbres. Parfois à double tranchant... Ainsi cet amoureux acharné à qui elle finit par céder en lui demandant d'apporter dix mille francs. Elle brûle devant lui les billets un à un avec délectation et s'offre à lui tant que dure le feu. Enchanté de cette performance torride, l'amant lui annonce avant de partir que tous les billets étaient... faux.

Mais ne médisons pas : en général, les clients en ont pour leur argent. La Castiglione se souviendra longtemps de sa nuit passée avec Lord Hertfort, grand collectionneur de pendules — il en possède plus de deux cent cinquante magnifiques — et dont le désespoir est de ne pas réussir à les mettre toutes d'accord. Ce cher homme demande à la Castiglione une nuit, qu'elle lui facture un million. Bien décidé à rentabiliser ces heures si cher payées, il expérimente toutes les voluptés possibles et imaginables, lui fait passer les épreuves du libertinage les plus excentriques et repart frais moulu le lendemain matin... laissant la comtesse épuisée et clouée trois jours au lit pour s'en remettre !

Caprice et frou-frou... c'est à celle qui se fera le plus remarquer. « Vous me verrez au Bois, lance l'une d'elles, dans une Daumont qui fera du bruit par ses quatre chevaux, aux quatre coins du monde. Les journaux diront tant de mal de moi que je deviendrai célèbre avant la fin de la saison. » Eh oui ! Merci, messieurs les journalistes, d'embrasser leurs fins souliers et leur cause ! Quelle formidable publicité pour leur entreprise... Albert Wolff, Aurélien Scholl, Henri de Villemessant ou Jules Claretie trouvent de quoi alimenter leurs chroniques avec les duels des « biches » au Bois ou au restaurant.

Les plus fortunés se battent pour obtenir quelques heures d'intimité. Parmi eux, de grands aristocrates, d'autant plus libres qu'en tant que monarchistes légitimistes, ils ont refusé de poursuivre une carrière politique sous le régime impérial et peuvent reprendre des études, lire ou voyager comme Tocqueville. Certains font preuve d'originalité, tel l'ancien procureur Toussaint Bouly qui passe des heures à écrire sur un cheval mécanique, convaincu que l'équitation favorise le mouvement de la pensée. D'autres préfèrent des activités plus banales mais plus lubriques. Ils passent leurs matinées entre le Bois et le cercle puis retournent au Bois l'après-midi avant de finir la journée au cercle... de quoi juste leur laisser le temps de s'offrir quelques demi-mondaines.

« Les filles reviennent au Bois, les Grecs ont retrouvé le chemin des tripots, on soupe chez Helder, on parie encore aux courses, il y a des gandins comme autrefois, des imbéciles comme toujours et des cocodettes à tous les étages [1]. »

En 1864, la police compte cent vingt-cinq femmes galantes, connues sous le nom de « la garde », qu'aucun prince de passage dans la capitale ne manque d'aller voir. Et ce chiffre est bien loin de la réalité ! C'est « un monde qui est une déchéance pour la femme partie d'en haut » et « qui est un sommet pour celles qui sont parties d'en bas », comme l'explique la baronne d'Ange dans *Le Demi-Monde* de Dumas fils. Ce qui navre quelques rares esprits raisonnables, affolés par cet étalage de luxe des uns et cette recherche constante du plaisir des autres. Ainsi Maxime Du Camp : « Un vent d'abrutissement a soufflé, qui a balayé toute retenue, desséché les instincts les plus précieux... Depuis la Madeleine jusqu'à la Bastille, ce n'est qu'un café... la prostitution insoumise encombre les boulevards, les Champs-Elysées, le bois de Boulogne, et remplit nos théâtres, non seulement dans les loges mais sur les planches où elle paie pour se montrer comme sur une table de vente publique, au plus offrant et dernier enchérisseur. »

Le Boulevard est terrible, rien ne lui résiste. On se souvient de Khalil Bey, cet ambassadeur de Turquie qui a commandé à Ingres *Le Bain turc* et *Les Deux Amies*. Arrivé

1. Auriant, *La Véritable Histoire de Nana*.

à Paris à la tête d'une fabuleuse fortune, il repartira trois ans plus tard, ruiné et détruit par l'alcool et la fête.

Valtesse se sent déjà comme une reine dans cet univers. Et pour dépouiller les plus riches, elle sera la plus experte ! Ses rôles dans les pièces d'Offenbach lui permettent maintenant d'espérer gravir les marches de la célébrité. Comment a-t-elle obtenu ses rôles ? En devenant sa maîtresse, tout simplement ! Et pas n'importe laquelle. Galante débutante, elle montre déjà des dons exceptionnels. Pour elle, le Maître va quitter sa maîtresse officielle, Zulma Bouffard, dont il a deux enfants. Zulma a pourtant bien du talent :

« Baroque comme son nom, merveilleusement doué, actrice inimitable (...), minois éveillé, un air polisson, de beaux yeux, une bouche étrange et voluptueuse, de belles formes grassouillettes, une... “ arrière-main ” prodigieusement développée se reliant vigoureusement aux parties supérieures des jambes, non moins volumineuses [1]. »

Cette Marseillaise, que l'on croyait Alsacienne à cause de l'accent germanique qu'elle a pris à Cologne, sait transformer en esclaves les artistes et les princes, quitte à utiliser la cravache, ce dont ces messieurs ne semblent pas se plaindre. C'est pour elle que Bizet, Meilhac et Halévy ont écrit *Carmen*, mais Meilhac refusera qu'elle interprète le rôle car il était impossible que la belle Zulma reçoive un coup de couteau !

Pourtant, quand Offenbach rencontre Valtesse, il est prêt à oublier Zulma, fasciné par notre rousse que décrit avec appétit Arsène Houssaye : « De taille moyenne, grassouillette à ravir, elle a une petite bouche fraîche, un nez droit et fin, des yeux langoureux sous des sourcils sombres et surtout une chevelure extraordinaire et chimérique,

1. Zed, *Le Demi-Monde et le Second Empire*.

lourde comme une gerble de blé, semblable à un faisceau de rayons de soleil. »

C'est le coup de foudre, Offenbach veut même abandonner sa femme pour ne se consacrer qu'à cette diablesse. Afin de laisser libre cours à leurs amours, ils partent pour l'Italie, « ce qui lui coûta fort cher », note la police, toujours bien renseignée. Une remarque qui prouve les talents de Valtesse car le Maître n'est pas réputé pour sa générosité ! Les Goncourt racontent dans leur Journal que « tout le temps où il a vécu avec sa femme, la malheureuse n'a fait aller le ménage qu'avec l'argent qui tombait de ses poches ou qu'elle prenait dans son gilet, la nuit, pendant son sommeil ». Ce « squelette à pince-nez qui a l'air de violer une basse » est le « mari le plus détestable, faisant lever sa femme du fauteuil où elle était assise pour s'y asseoir ».

Mais rien ne résiste à l'Alsacien et s'il reste avec son épouse, cette femme « sympathique, spirituelle, gagnée par la graisse », c'est parce que, dit-on, elle est en admiration devant lui et passe ses journées à lui faire des compliments comme l'explique Albert Wolff dans *La Gloire à Paris* :

« Le destin lui avait donné pour compagne une muse aimable qui, au lieu de faire des scènes à l'artiste, lui passait la main dans les cheveux et lui disait : " Tu es le plus beau et le plus grand. " Offenbach la croyait. »

Adulé par la foule, courtisé par les plus grands et adoré par les femmes, cet homme brillant et sûr de lui se met à genoux devant notre jolie rousse, prêt à tout pour un de ses regards bleus. Mme Offenbach, jusqu'alors très compréhensive pour les frasques de son mari, sent avec une intuition toute féminine que, cette fois-ci, l'affaire est sérieuse. Elle finit par les rejoindre en Italie et provoque un véritable scandale à leur hôtel. Mais que madame n'ait crainte ! Valtesse ne poursuit pas une lutte qu'elle juge sans intérêt. Elle n'est pas du genre à se battre pour un amant : Offenbach n'est qu'un homme riche parmi beaucoup d'autres et la croqueuse de diamants n'a pas de temps à perdre. La tête haute, elle repart pour la France.

Quelques mois plus tard, c'est la guerre franco-prussienne. Paris est assiégé. Valtesse saura profiter de cette période sombre, elle en sortira en pleine lumière. Elle accumule les amants, commence à gagner un peu d'argent et s'astreint à une gestion rigoureuse de ses affaires. Elle réapparaîtra après la guerre, au théâtre, mais cette fois, « c'est dans une avant-scène qu'elle se montre au public, couverte de bijoux, langoureuse et distante, derrière son évantail [1] ».

1. Claude Blanchard, *Dames de cœur*, 1946.

6

La belle rousse sort de l'ombre

Le 19 juillet 1870, la France déclare la guerre à la Prusse puis enchaîne défaites sur défaites avant de s'épuiser dans le siège de Paris... Isolée diplomatiquement, mal organisée, elle possède une armée moins importante et mal équipée. Napoléon avait voulu la moderniser mais n'avait pu convaincre l'opposition : les canons français se chargent encore par la bouche et les prussiens par la culasse !

Napoléon III capitule à Sedan, le 2 septembre. A l'annonce de cette nouvelle, la foule se précipite au Palais-Bourbon puis à l'Hôtel de Ville où Gambetta proclame la République. L'Impératrice se réfugie en Angleterre, au château de Chislehurst, dans le Kent, où la rejoindra l'Empereur après sa captivité à Wilhelmshöhe, dans la Hesse. Malgré la chute de l'Empire, l'extrême gauche cherche à prendre le pouvoir et provoque l'insurrection de la Commune, le 18 mars 1871. Thiers, replié sur Versailles entreprend la reconquête de Paris lors de la tristement célèbre « semaine sanglante » du 21 mai, dans un climat de terreur : 350 000 dénonciations, 17 000 morts, 4 500 déportations et des centaines d'incendies du côté des communards, 850 tués et 6 000 blessés du côté des « Versaillais ». Aux Tuileries, au Palais-Royal ou à la Bastille, tout a brûlé. La capitale est épuisée, vidée, blessée, et la France endettée. D'après les clauses du traité de Francfort, la France perd l'Alsace et la Lorraine et doit verser cinq milliards à son ennemie héréditaire d'ici trois ans. Thiers fait alors appel à l'épargne et lance un emprunt qui sera couvert quatorze fois ! Preuve de la richesse accumulée par le pays durant l'Empire, signe aussi d'un patriotisme éclatant après ces mois sombres.

Tandis que les Prussiens bombardent Paris, que les communards crient à la révolution et que les Parisiens mangent du rat, d'autres continuent de faire la fête et de vivre l'instant présent. Si certaines courtisanes se révèlent de véritables patriotes — Blanche d'Antigny et Cora Pearl transforment leurs maisons en hôpitaux — les autres passent leurs nuits à s'amuser dans les cafés : « Des " gandins " y abondaient, du moins dans ceux des Boulevards, avec leurs compagnes en tenue tapageuse et n'ayant, dans leur insouciance naturelle et professionnelle, la moindre idée de la gravité de l'heure. Ce public choquait ceux qui allaient se battre [1]. »

Valtesse fait partie de ceux-là et, loin de s'intéresser à la politique, mène ses premières batailles. Elle garde au chaud sa première proie, Offenbach, en attendant de trouver mieux, et surtout plus généreux. Elle aurait pu « rentrer dans le métier » par une « entremetteuse de la haute », une de ces dix ou douze femmes connues, étiquetées, protégées, qui, après avoir vécu de leur corps, se chargent de vendre celui des autres. Ces « procureurs » ont des relations solidement établies et permettent aux bourgeois de s'encanailler discrètement. Il leur suffit de prendre rendez-vous et d'ouvrir un compte qu'ils soldent après quelques mois, pour avoir à loisir de la chair à plaisir. Les « marieuses de la main gauche » connaissent tous les rouages de la profession, les vices, les manies, les exigences des clients, les aptitudes,

1. Henri d'Alméras, *La Vie parisienne*, Albin Michel.

les défauts et les techniques des horizontales. Elles ne travaillent que sur commande, mais ont toujours auprès d'elles une petite qui peut faire l'affaire si un consommateur pressé débarque à l'improviste, un en-cas que l'on nomme dans le milieu le « plat du jour ». Valtesse aurait pu fait office de plat du jour auprès d'une de ces pourvoyeuses qui vous louent même des costumes, des dentelles et des bijoux pour faire bonne figure, mais elle préfère se débrouiller seule. Pourquoi céder à un monopole quand on peut profiter de la libre concurrence ?

Grâce à Offenbach, elle met un pied dans le grand monde, découvre les restaurants à la mode, Bignon où l'on voit souvent Zola, Flaubert et Maupassant, la brasserie des Martyrs, rendez-vous de la bohème, des artistes et des écrivains, et surtout Tortoni, l'endroit « smart », emblématique de l'esprit du Boulevard, passage obligé où se retrouvent tous les gens célèbres, de Manet à Aurélien Scholl. Mais toutes ces adresses prestigieuses doivent, pendant le siège, contenter leur clientèle avec des menus qui stimulent plus l'humour que l'appétit, tel celui-ci, du 18 novembre 1870 :

« Bisque-Bismarck, sardines antédiluviennes et consommé de tire-fiacre, en hors-d'œuvre suivis de merluche au cérat, haricot de chien, rats à la crapaudine, phoque savant et céleri à l'huile carcel. En desserts : bombes glacées à la Krupp, crêpes au suif, mendiants assortis et gâteaux bretons-Trochu avec fèves pour tirer les rois. Les clients devront apporter leur pain. »

Ces plaisanteries ne sont pas du goût de tous, car Paris meurt de faim. On vend le rat douze sous pièce sur la place de l'Hôtel-de-Ville, les bourgeois ont mangé leurs canaris et leurs poissons rouges avant d'aller vider les cages des ménageries. Valtesse a déjà choisi son camp et préfère déguster du kangourou chez Bignon, du renne chez Dinocheau ou de l'antilope au Café Voisin. Le Tout-Paris se précipite au 173 de l'actuel boulevard Haussmann, dans la boucherie de M. Roos qui a réussi à acheter les zèbres et les éléphants Castor et Pollux du Jardin d'acclimatation.

Même Charles Monselet a finit par manger son rat ! Ce célèbre poète-journaliste gastronomique a chanté les louanges du cochon « en qui tout est bon » et l'andouillette « à la peau douillette ». Drôle de personnage, toujours « suivi de quelques admirateurs de son aimable talent et de son aimable goinfrerie... « Comment, aussi préoccupé des intérêts de son ventre, avoir tant d'esprit ? Avec tant de graisse, tant de grâce ? » s'étonne Alfred Delvau dans ses *Amours parisiennes.* Entre deux repas sur le boulevard, Monselet s'aperçut, un jour, qu'un rat venait grignoter des journaux dans son bureau. Amusé, il lui prépara de bonnes petites assiettes et ils devinrent amis, se donnant des rendez-vous gourmands pour partager d'alléchantes victuailles. Mais, en ce mois de décembre 1870, les temps sont si durs et les menus si maigres que le poète, après bien des hésitations, finit par faire cuire son rat chéri avec une pointe de beurre et un peu de persil, avant de le manger avec appétit !

Le contexte n'étant guère propice pour nourrir ses ambitions, Valtesse doit la jouer fine ! S'il reste dans la capitale, quelques joyeux drilles un peu riches, elle saura bien les trouver. Dans quelques mois, elle fera partie de celles dont se moque avec admiration Aurélien Scholl, grand amateur de femmes galantes : « Pendant le siège de Paris, toutes les femmes ont mangé du chien. On pensait que cette nourriture leur inculquerait des principes de fidélité. Pas du tout : elles ont exigé des colliers. »

Valtesse finit par donner congé à Offenbach qui est d'ailleurs obligé de s'exiler après la guerre, victime de son origine allemande et bêtement accusé d'avoir provoqué la défaite avec sa musique « décadente ». La belle le laisse partir sans regret car elle a trouvé — enfin ! — le pigeon idéal : le prince Lubomirski, Lurski pour les intimes. Fêtard et fortuné, il a déjà dilapidé de nombreuses richesses quand il hérite de son grand-père et rencontre Valtesse qui va l'aider, amoureusement, à se ruiner une seconde fois. Il l'installe dans un joli appartement au 48, rue Saint-Georges — non loin de l'établissement de la fameuse « Baronne d'Ange », spécialiste des flagellations en tout genre — et « fait des sacrifices financiers » pour plaire à sa belle, au dire de la police.

La guerre à peine terminée, elle s'empresse de retourner aux Bouffes-Parisiens, triomphante, au bras de son prince riche et jeune, trop contente de rendre vertes de jalousie ses anciennes camarades de jeu, les Léa Lini, les Cellini et les Maria qui se dandinent toujours sur les planches, déguisées en soubrettes. Le « Courrier de Paris », dans *L'Evénement*, se délecte en publiant un extrait d'un prétendu album de Mlle V., une chanson slave :

C'est le prince Lubomirski
Qui
Lorsqu'il eut mangé sa fortune
Se rendit la muse opportune
C'est le prince Lubormiski
Qui
Dédaigneux des propos du monde
Courtise la brune et la blonde.

Méprisant le gazetier rimeur, Valtesse soupe chez Bignon, danse au bal du Hunting Club, se fait remarquer, toute de blanc vêtue, dans les salons du Grand Hôtel, ou en fantaisie tricolore dessinée par l'un des artistes à la mode, qui deviendra bientôt son amant, Edouard Detaille.

Au bout de deux ans, le prince Lubomirski n'a plus un sou. Elle le quitte aussitôt, car « un homme n'est qu'un homme et ni la beauté ni le cœur ne se mangent en salade », constate avec cynisme Siebecker [1].

Le suivant est le petit-fils du banquier Millaud surnommé « le Million », « à qui elle soutira beaucoup d'argent », notera en soupirant un policier dans son rapport [2]. Puis, l'été 1873, elle devient la maîtresse d'un général sud-américain, Cammando, qui habite l'hôtel Helder et lui donne soixante mille francs (l'équivalent actuel de un million deux de francs environ) en six mois, une somme qui force l'admiration de tous les connaisseurs de l'époque. Mais la France est folle de joie et croule sous l'or. On sort de la guerre, on veut s'amuser et croquer la vie. L'argent coule à flots, résultat de l'essor industriel et financier des trente dernières années, du démarrage des chemins de fer, des exploitations de mines d'or et de métaux précieux dans les colonies et d'une nouvelle activité lucrative : les banques d'affaires. D'immenses fortunes se sont créées rapidement, faisant naître en France une génération de nouveaux riches, proies parfaites pour notre Valtesse qui se bâtit, en cinq ans, une jolie rente évaluée à environ trois cent mille francs d'après la police. Fini la vie de « créature », les petits trois pièces dans des quartiers populaires, les déménagements à la hâte, les appartements refaits à neuf dont le plâtre transpire durant deux ou trois ans et que les cocottes habitent le temps d'« essuyer les plâtres », avant de repartir pour une nouvelle adresse et un amant plus riche.

Dans son appartement de la rue Saint-Georges, la belle rousse a tout le loisir de travailler son rôle de femme fatale, celui qui doit définir sa carrière.

1. In *Cocottes et petits crevés*.
2. Archives de la police.

7

Un personnage bien étudié

Valtesse de la Bigne va entrer dans la légende des grandes lionnes et se forger son personnage de comtesse ravissante, dure, mystérieuse et fascinante. Comment y parvient-elle, cette petite Louise sans éducation et sans talent, est-ce grâce à « ses chairs admirablement fermes et ses longs cheveux d'or qui, dénoués, l'encadraient ainsi qu'un nimbe lumineux sur la blancheur des batistes et lui donnaient l'attirance des vierges mystiques », comme la décrira Harry Alis dans son roman *La Reine-Soleil* ?

Elle correspond aux goûts de l'époque pour les peaux laiteuses, les formes rondes et les chevelures rousses. Pourtant, n'en déplaise à notre horizontale, elle n'est pas la plus jolie au catalogue des courtisanes de Paris. Son nez est sans grâce et son décolleté sans grande conversation. Il y aura d'ailleurs quelques esprits chagrins et observateurs pour noter que « ses formes ne sont pas bien faites et son corps est loin d'être parfait : elle ne possède pas assez de seins pour en parler, sa taille est grasse et mal formée [1] ».

Qu'importe ! Valtesse n'a que mépris pour les grincheux. Elle n'est d'ailleurs pas la seule à affronter les railleries. « Il en est de jolies, mais pas toutes, soupire Jollivet. Ma

1. Manuscrit anonyme, coll. Joseph Thibaut.

génération s'affola pour bien des poitrines et des mollets aussi déficitaires qu'un budget d'après-guerre [1]. »

Oui, monsieur, mais la beauté n'est pas le plus important, comme l'expliquera le grand coureur de jupons qu'est Maupassant dans le *Gil Blas* du 20 octobre 1881 : « La Parisienne n'est pas belle, elle est à peine jolie. Mais tout son être est un langage qui parle aux raffinés, mieux que la grande beauté plastique... Détaillez-la, ce n'est rien ou presque rien, c'est une saveur, un charme... »

Ce petit rien, Valtesse le possède, le maîtrise, le magnifie. Elle sait éblouir ses amants avec des postures parfaitement étudiées. Elle a compris comment les troubler, les intriguer avec une succession d'attitudes contradictoires, parfois glaciale et mystérieuse, puis charmante et douce. Il lui suffit de passer lascivement sa main dans sa magnifique chevelure rousse pour se coiffer d'une image divine, dont elle est la première adoratrice. Elle s'invente un surnom digne d'elle, « Rayon d'or », et la description de son personnage dans son roman autobiographique *Isola* ne laisse aucun doute sur le narcissisme dont elle s'est fait une religion : « Elle avait des cheveux étranges, roux, mais d'un roux particulier, où semblaient scintiller mille paillettes d'or. On avait des éblouissements en regardant cette chevelure que soutenaient difficilement de longues épingles d'écaille blonde et d'ambre. »

Valtesse surpasse toutes ses concurrentes. Sans pour autant dire le nom de ses amants, et c'est un autre de ses atouts : le mystère qu'elle laisse planer sur son passé, sur ses « cocodés » qui lui versent chaque mois des rentes confortables, ces détails croustillants de sa vie qui excitent l'imagination de ses contemporains. Elle travaille son image dans les moindres nuances et décide d'avoir une couleur fétiche,

1. Jollivet, *Souvenirs de ma vie de plaisir sous le Second Empire*, rééd. Tallandier, 1927.

comme tous les grands de ce monde. Elle choisit celle de ses yeux et celle du ciel d'où elle dominera le monde : le bleu. Dorénavant, le bleu couvrira ses appartements, ses chevaux et ses toilettes. Enfin, pour vouer sa personne à son culte, elle opte pour une devise, claire et efficace : « Ego », « moi » en latin, qui décorera ses plafonds, sa vaisselle et son papier à lettres.

Tout est étudié, chaque détail est pensé. Pour se sentir à l'aise dans le monde, la jeune femme doit aussi se créer une culture. Elle apprend à écrire sans fautes d'orthographe, dans un joli style, puis dévore romans et livres d'histoire pour citer Volaire, Goethe ou François Ier. C'est sans doute ce qui fascinera le plus ses admirateurs, car la belle surpasse ses maîtres : son écriture est ravissante et son bagage culturel tout à fait respectable. Elle se fera aussi construire des demeures inouïes et magnifiques, dignes d'une princesse, recevra ses clients dans des lits aux formes insensées et grandioses qui feront rêver les hommes les plus beaux et les plus riches. Valtesse a une audace, une intelligence, un cynisme et une énergie qui la rendent redoutable. Elle veut être la nouvelle Théodora et regarder le monde s'agenouiller devant son trône.

Complexe et provocante, elle ensorcelle ses contemporains. « Vous me connaissez peu et mal, écrit-elle à un de ses amis. Parisienne d'esprit sceptique, je ne suis ni à combinaisons, comme un coffre-fort, ni à trucs, comme une féerie. Je suis moi, sans passé, sans histoire, venue drôlement dans un monde que je trouve drôle. J'adore la vie, le mouvement, la gaieté ; je hais le noir, la musique, la tombée du jour. »

« Tu veux n'être pas cynique, habileté, répond son correspondant, c'est meilleur entre les draps. Tu es intelligente, mais cette intelligence n'est point fougue, imagination : elle est reposée, calme, finaude, toute de compréhension ; elle raisonne, réfléchit, établit une ligne de conduite dont jamais tu ne t'écartes. Ceci est directement une affaire, cela en est une autre indirectement ; et lorsque tu as décidé, tu agis en conséquence. Tu es ce que tu es, comme tu dis, sans passé, car tu n'en as plus, sans histoire, pas plus qu'un négociant. Aspasie a une histoire, Ninon de Lenclos aussi. Tu ajoutes que tu aimes la vie, le soleil, le mouvement, la gaieté ; tu te fiches du soleil car la nuit a du bon ; tu adores la vie parce que tu es sûre d'elle, et pas du reste, n'étant pas encore dévote. La gaieté te réjouit quand elle t'est utile... Tu n'es pas ordinaire, il s'en faut de beaucoup, et tu es charmante. Pourquoi donc être plus ambitieuse ? » Même s'il connaît manifestement bien Valtesse, il n'aura jamais la réponse. Cela fait partie des secrets de notre courtisane.

Sensuelle, intelligente, mégalomane, « Rayon d'or » sait aussi être cruelle. Car la cruauté est en vogue, la Païva n'a jamais aimé aucune créature vivante et n'a adoré que l'argent, Cora Pearl a abandonné ses amants dès qu'ils étaient ruinés comme de vulgaires mouchoirs, sans un soupir. Quand à Mlle Elluini, cette « millionnaire de l'alcôve », cette « fille de marbre » qui a « l'art de plumer la poule sans la faire crier », elle est capable de soutirer sa fortune au plus avare. On se souvient encore de ce séjour à Rio d'où elle est revenue avec plus d'un million de diamants autour du cou et autant en argent liquide !

Emile Augier avait fait sensation en 1848 avec sa pièce *L'Aventurière* et ses formules cinglantes :

... Moi par un bonheur qui souvent me chagrine
Je ne peux pas trouver l'homme qui me domine. »
« ... Dans un tel combat (de l'amour)
où tout coup vise au cœur
Celui qui n'en a pas est toujours vainqueur.
« ... Oui, je vais me venger de ce monde méchant
De tous les instincts qu'à mon cœur il défend
Je vais le châtier avec joie, avec rage
De la perversité dont il fait mon partage. »

Mais une des œuvres qui, à présent, marquent le plus les imaginations est la pièce de Dumas fils, *La Femme de Claude*, qui fait salle comble durant l'année 1874 et enthousiasme la critique. Césarine, « énigmatique et inconsciente dans sa corruption », trahit son mari en vendant des secrets importants. Il se venge en la tuant. Ah, quelle œuvre ! Le public en reste tout ému.

Le thème de la femme fatale impitoyable fait frémir. Alors, Valtesse s'inspirera du personnage le plus terrible, Mrs Clarkson, héroïne de *L'Etrangère*, autre pièce de Dumas fils (1876), auteur qu'elle adore et qui ne va pas tarder à devenir l'un de ses grands amis. Cette « magicienne splendide enveloppée dans une légende » que l'on appelle « la vierge du Mal » déclare froidement : « Je hais les hommes. » Des mots qui ont marqué Valtesse : « Parlant comme l'Etrangère de Dumas, elle écrivait hardiment " je n'aime pas " », se souviendra le journaliste Jules Claretie, l'un des plus fervents admirateurs de la belle rousse qu'il a eu, rappelons-le, l'honneur de connaître, enfant, rue Poissonnière.

Les hommes se pâment devant sa beauté, crient pitié devant sa cruauté et même le frondeur et brillant journaliste Albert Wolff clame son admiration pour Valtesse « qui se vante de transformer en un ou plusieurs tours de main le premier amoureux venu en esclave docile ».

Drôle d'époque qui cherche le tragique... Les messieurs les plus sérieux attendent leur fessée et demandent un cabinet privé pour dîner au Café Anglais avec leurs horizontales, rebaptisées élégamment pour la circonstance des « agenouillées ». Mais ils font semblant de ne pas les connaître quand ils les croisent accompagnés de femmes du monde : ils ont honte et en redemandent !

Dans une recherche effrénée du plaisir, les aristocrates désabusés distribuent leurs derniers châteaux au jeu et aux femmes. Le prince Demidoff, le prince d'Orange, le duc de

Morny et les autres fêtards passent de lits ouverts en maisons closes et s'achètent une courtisane pour exhiber leur fortune. L'argent n'est qu'une vulgarité de bourgeois et le prince Pierre ne ment pas à la Belle Otéro quand il lui murmure sur l'oreiller : « Minouchka, ruine-moi mais ne me quitte pas ! »

L'un des plus réputés, le prince de Sagan, devient l'amant de notre jolie Valtesse ; il lui offrira en 1875, selon la rumeur, son hôtel particulier du boulevard Malesherbes qu'elle aménagera à grands frais. Ce grand « viveur » susceptible défraie régulièrement les gazettes en provoquant en duel tous les insolents, notamment le fameux « XX » du journal *Gil Blas* dont le directeur refusera toujours de révéler le nom. Charles-Guillaume-Frédéric-Marie, duc de Talleyrand-Périgord et prince de Sagan, éblouit Paris avec ses livrées pourpres, son argenterie superbe, ses écuries luxueuses et ses équipages majestueux. Il sait dépenser des fortunes pour un simple geste galant : vingt-cinq mille francs de camélias pour une grande fête chez Mme de Pourtalès, qui adore les fleurs. Le « roi du monocle » a surtout la passion des chevaux. Organisateur de l'hippodrome d'Auteuil, il y lance la vogue du steeple-chase, la « course au clocher » qui rend populaires les courses d'obstacles. Ce mondain qui « jase comme une pie », selon le mot de Frédéric Loliée, que le Tout-Paris surnomme le « prince de la noce », emmène Valtesse aux courses et guide ses premiers pas dans le grand monde. Mais celui que les Goncourt baptisent « l'arbitre des élégances » se compromet parfois dans des affaires minables pour compenser ses revers de fortune, payant des tableaux à crédit pour « les revendre au comptant », comme le note la police. On retrouve le prince mêlé à des histoires de seconde zone, comme cette incitation de mineurs à la débauche par des « messieurs honorables » dans une « maison » de la rue Cambacérès dont la tenancière sort à peine de prison.

Pour lui, comme pour tous les dandys, la courtisane n'est qu'un prétexte, une façon de montrer son prestige aux yeux de tous, de suivre la mode dans une époque obsédée par le plaisir, de concurrencer les autres. C'est une compétition entre hommes : c'est à celui qui l'aura, qui pourra se la payer... une question d'image de marque ! Quitte à créer le scandale, à faire frissonner la bonne bourgeoisie... ce qui n'est pas pour leur déplaire ! « Il faut pouvoir se parler (entre hommes), montrer à mots couverts que l'on connaît par exemple les fossettes de Cora Pearl, là où elles sont placées [1]. »

D'où le mépris que Valtesse éprouve pour les hommes. Ils la considèrent comme une marchandise, elle le prend pour argent comptant. Et il faut reconnaître que ces messieurs ne sont pas toujours de la plus grande galanterie. Ils paient et n'ont de compte à rendre à personne. Cora Pearl raconte ainsi dans ses Mémoires son unique rencontre avec Napoléon III : « Il entra à grands pas dans une pièce, tard, un soir, après un dîner officiel auquel je n'avais pas été conviée, ôta son pantalon et se jeta sur moi sans un mot, déchargea en quelques instants, puis roula sur le côté et s'endormit immédiatement. »

Heureusement que le goujat était fortuné ! Quant à son cousin, le prince Napoléon, il ne se prive pas non plus. Cora Pearl raconte qu'un soir, il revint du théâtre et s'assit dans un bon fauteuil pour la regarder se faire prendre par ses deux aides de camp à la fois, en applaudissant de satisfaction ! Il ne faut donc pas s'attendre à la moindre pitié en retour et quand le prince Jérôme se montre un peu trop radin, Cora le quitte en lui lançant : « Pas d'argent, pas de cuisse ! »

Mais la rigueur monétaire n'empêche pas quelques distractions et, à ce petit jeu-là, Cora Pearl n'est pas la

1. Claude Blanchard, *Dames de cœur, op. cit.*

moins coquine ! Lors d'un dîner dans son château de Beauséjour, le comte de Maugny (qui signe ses livres sous le nom de Zed) montre des reproductions de peintures mongoles représentant un guerrier et sa concubine faisant l'amour sur un cheval. Malicieux, le comte parie vingt mille francs que ces scènes ne sont pas réalisables. Cora relève le défi et choisit le capitaine d'artillerie Deschamps qu'elle sait excellent cavalier et amant infatigable. Ils se déshabillent, montent sur un cheval à cru et exécutent toutes les positions les unes après les autres, sauf la dernière, réellement trop compliquée pour notre horizontale. Bon prince, Maugny donne tout de même les vingt mille francs. Et, espère-t-on, un peu d'avoine au cheval...

Face à ces fêtards de tous poils, il y a les autres, les bourgeois, coincés dans leur éducation austère et leur vie terne. Ils ignorent le plus souvent ce qu'est la sensualité féminine, n'ont connu que le baiser pointu d'une mère lointaine, puis les soupirs effarouchés d'une femme élevée au couvent et que l'amour répugne. Ils ignorent les joies de la chair, élevés dans une morale religieuse stricte où la femme ne peut être qu'une vierge ou une putain, une sainte ou le diable. Ils aimeraient tant avoir l'élégance libertine de tous ces grands-ducs qui passent de folles nuits avec des filles de joie ! Tromper leur femme et l'ennui, s'amuser et profiter de tout cet argent... Ils meurent d'envie de posséder eux aussi cette créature de Satan, dont « la bouche est plus douce que le miel mais le goût qu'elle laisse est amer », comme on le lit dans la Bible. L'Eve pécheresse qui se montre en corsage, les cheveux roulant sur les épaules avant d'enlever ses bas, cette femme à la croupe opulente et au regard vicieux qui leur donne un plaisir qu'ils ne pouvaient imaginer, si fort qu'il deviendra souffrance, qu'il leur fera perdre leur honneur, leur fortune ou... leur vie.

Elle est insconsciente ainsi que la panthère
Qui joue avec sa proie et ronronne en mordant
Et nul n'est à l'abri de sa griffe ou sa dent,
Ni l'orgueilleux penseur ni le vieux solitaire

(...) Sous l'oblique serment de son verbe enchanté,
Le caprice d'un jour s'appelle « Eternité » !
Elle est cruelle, elle est atroce, elle est sublime.

Elle est du cœur humain l'énigme et le vautour ;
Elle atteint d'un coup d'aile à la plus haute cime ;
Car ce n'est pas l'amant qu'elle aime ; c'est l'amour [1]*...*

Valtesse déteste les hommes, ces brutes, ces « mufles » qui l'ont battue, trompée, abusée. Mais elle n'est pas plus tendre avec les femmes, ces pauvres imbéciles qui se marient et acceptent de se soumettre, ne savent ni retenir leur mari ni lui donner du plaisir. Elle a horreur de la soumission de ses contemporaines, parfaitement décrite en 1903 par Marcelle Tinayre dans *La Rebelle* : « La femme aspire à la servitude aimante, elle n'a pas le courage de la liberté. Elle n'a pas le sentiment de sa dignité. Elle n'a que le désir et le regret de l'amour. »

Contrairement à la plupart des courtisanes qui rêvent de se marier avec un aristocrate fortuné, notre rousse refuse absolument de renoncer à son indépendance. Pourquoi avoir des ennuis avec un seul homme quand on peut n'en avoir aucun avec plusieurs ? Elle pense comme le dramaturge Henry Becque que « les femmes c'est comme les photographies, il y a les imbéciles qui conservent précieusement le cliché pendant que les gens d'esprit se partagent les épreuves ».

Valtesse fait partie de l'avant-garde des rebelles qui réussiront plus tard à changer la société, quand, après la

1. Octave Houdaille, « A l'ennemie adorée », 1891.

guerre de 1914 et le travail en usine pour remplacer les hommes, elles auront compris qu'elles savent faire aussi bien qu'eux et parfois mieux. Mais, loin d'être une militante, elle se soucie peu d'améliorer le sort de ses compagnes. Elle ne s'occupe que du sien.

« Rayon d'or » veut accéder à la haute société, mais elle n'accepte pas pour autant ces règles de savoir-vivre qui oppriment les femmes. Elle jette aux ordures le manuel de politesse de la baronne Staffe, livre de chevet de toutes les jeunes filles de bonne famille, et réclame le droit de regarder les hommes dans les yeux sans rougir, de porter les chapeaux les plus extravagants et de se faire remarquer. Valtesse revendique sa misanthropie et écrira sa déclaration de guerre en 1876 dans son livre autobiographique, *Isola* :

« J'étais petite et faible, je suis tombée ! Vite et irrévocablement, le monde m'a condamnée. Bien, me suis-je dit, vous m'empêchez de monter jusqu'à vous, soit, vous descendrez jusqu'à moi. Ceux auxquels je dirai “ viens ”, viendront. Ah ! Vous serrez les rangs, en nous apercevant, nous que vous appelez des déclassées, vous nous montrez du doigt (...), prudentes mères de famille ! Eh bien, je prendrai à mon gré vos maris et vos frères, vos fils et vos amants, et pour qu'ils me méprisent moins, je les forcerai à me faire riche, plus riche que vous, car c'est de votre argent et du leur qu'ils paieront le droit d'être bafoués et trompés par moi. Avec vos fortunes, je m'achèterai de la famille, des parents, des amis, des enfants, le monde même, s'il plaît à ma fantaisie. Mon corps m'a déshonorée, il lui faut m'enrichir pour que je retrouve au moins le simulacre de l'honneur. »

Une tirade proche de celle de Mrs Clarkson, l'héroïne de *L'Etrangère*, de Dumas fils, qu'interprète Sarah Bernhardt :

« On m'appelait l'Etrangère et l'on avait raison. Oui, étrangère, sans famille, sans amis, sans patrie ; étrangère à toutes vos traditions, à toutes vos joies, mais aussi à toutes vos servitudes, n'ayant pour règle que ma fantaisie et de la haine plein le cœur, plein l'esprit et plein l'âme contre cet être qu'on appelle l'homme et que je ne voyais jamais s'approcher de moi que comme il s'était approché de ma mère pour dégrader et avilir la femme au profit de son orgueil et de son plaisir. Ah ! je le haïssais bien, ce roi de la création qui se proclame notre maître à nous autres femmes. J'avais fait le calcul de ce que ces vices pouvaient me rapporter, sans que je lui donnasse rien en échange (...) L'un d'eux, un peu plus spirituel que les autres, m'appelait la Vierge du mal (...) Quand les autres femmes auront comme moi conscience de leur force et de leur pouvoir, l'homme sera bien peu de chose. »

Plus virile que les hommes eux-mêmes, avec le sens de l'économie et la patience hérités de son paysan normand de père, Valtesse conquiert le Tout-Paris et s'amuse à tirer les fils de ces marionnettes qui s'agitent dans le grand guignol de sa vie. Ambition, intelligence et ruse..., « Rayon d'or » a plus encore : un trésor rare et inépuisable, du sex-appeal ! Libre, vicieuse s'il le faut, elle aime les hommes, les femmes, tous les accessoires et toutes les positions. Là encore, elle soigne et caresse son image de perverse professionnelle, qui enflamme les esprits de cette époque dont « l'enveloppe est divine mais le dedans est infernal [1] ». Certaines dominatrices travaillent en chambre, et par ailleurs des maisons de domination accueillent des clients, le plus souvent des hommes importants qui viennent y trouver un soulagement érotique. C'est leur façon à eux d'évacuer leurs responsabilités trop lourdes, d'exprimer librement leurs désirs les plus secrets devant une personne qui ne les juge pas et qu'ils paient, comme un médecin...

1. Alfred Delvau, *Le Grand et le Petit Trottoir.*

Valtesse sait accueillir ce genre de clients et exploiter leurs fantasmes les plus secrets avec une « élégante perversité », et même avec brutalité selon certains ! Elle manie la cravache et les chaînes, sait recevoir la fessée et répondre aux désirs les plus inavouables. Pour mater les concurrentes, il faut savoir devenir une bête de sexe. Quand, en fin de carrière elle voudra « se ranger », elle enseignera son art à sa bien-aimée fille spirituelle, Liane de Pougy. Elle lui apprendra que « quand une femme veut retenir un homme, il lui suffit de faire appel à ce qu'il y a de pire en lui », comme le dit Oscar Wilde.

La belle rousse a un ultime atout dans le jeu de la séduction, un « secret », un détail sexy qui ajoute la dernière touche à la fascination qu'elle exerce sur la gent masculine :

« Son “ centre du plaisir ” était abondamment ombragé du plus beau rouge de Venise et elle avait, malgré la froideur de ses sentiments et la distance qu'elle conserva toujours à l'égard du sexe ennemi, le don physiologique bien curieux d'être constamment “ prête pour l'amour ”. Cette étrange disposition naturelle lui avait valu certainement, au début de sa carrière galante, une réputation de curiosité parmi les viveurs de la grande époque [1]. »

Etait-ce réellement une « disposition naturelle », ou une technique de geisha découverte par notre horizontale qui, on le verra, est fascinée par l'Asie ?

1. Claude Blanchard, *op. cit.*

8

Une horizontale très « in »

Valtesse est devenue une « cocotte à la mode ». Elle quitte la rue Saint-Georges pour s'installer dans un superbe appartement au 10, rue Blanche, dont elle soigne le décor avec des meubles et des tableaux dont elle a toujours rêvé. Mais surtout, elle se fait offrir une maison à Ville-d'Avray et renoue avec ses rêves d'enfant, quand elle admirait les étangs et les paysages peints par Corot dans son atelier de la rue Paradis-Poissonnière. Elle l'a si souvent écouté lui conter les charmes de ce Ville-d'Avray qu'adorait aussi Balzac. Ce dernier y vécut et décrit son envoûtement dans les *Mémoires de deux jeunes mariées* (1841) :

« Il règne dans ce vallon un silence à réjouir les morts. On y est éveillé par le chant des oiseaux ou par le frémissement de la brise dans les peupliers... A chaque pas, les plus frais paysages, des points de vue forestiers font plaisir à l'âme en réveillant de charmantes pensées, ces bois sont plein d'amour. »

Ah, comme elle aurait aimé être la contemporaine de cet écrivain qu'elle admire ! Celle « qui sait tout, même rayonner de candeur » aurait été un fabuleux personnage pour l'un de ses romans. Valtesse n'a pas la chance de côtoyer ce voisin prestigieux disparu en 1850, mais elle a le bonheur de découvrir une nouvelle vie, calme et douce, lors de ses fréquents séjours dans sa villa, cette « folie » dont la légende raconte que Napoléon III l'a fait construire pour recevoir ses maîtresses. C'est, en réalité, la duchesse de Riaro Sforza qui l'édifia — ainsi que la maison voisine et jumelle — en 1862 et qui la vend à Valtesse en 1875. « Quand on la rencontre sous les arbres, note Arsène Houssaye, à travers les sentes de Ville-d'Avray, cette prêtresse de l'amour évoque par son type, dans la pensée du poète, une druidesse gauloise. »

Sa villa « Rayon d'or » existe toujours, avec sa chambre au premier étage, pourvue de trois immenses fenêtres sur balcon. Au rez-de-chaussée, de vastes pièces claires et de grandes portes vitrées donnent sur un parc que Valtesse fait décorer avec des statues de femmes nues couchées au milieu des fleurs. Elle fait reproduire *La Compagne de Diane* par Frémin, jolie Diane chasseresse avec son petit chien dont l'original est au Louvre, la *Vénus au bain* commandée à Gabriel-Christophe Allegrain par Louis XV en 1755 et les *Nymphes au bain* de François Girardon, bas-relief qui orne la cascade de l'allée d'Eau du parc de Versailles. Rien n'est plus à la mode que de faire reproduire de grandes œuvres chez soi ! On se pâme devant ces nus à la beauté glacée, ces créatures blanches et divines.

Valtesse raffole de ces mises en scène peuplées de femmes ravissantes... qui lui ressemblent. Mais ses sculptures ont été les victimes de l'homme, elles aussi : la maison a appartenu dès 1922 à Jean Rostand, beaucoup moins porté sur la cuisse de nymphe, qui se débarrassa sans états d'âme de toutes ces femmes impudiques. Tandis que la maison voisine et jumelle sera achetée par le père de Boris Vian...

Mais revenons à Valtesse qui joue les bergères légères dans sa villa « Rayon d'or » à Ville-d'Avray, amasse l'or et les bijoux, sort dans les plus beaux restaurants et s'amuse à créer la zizanie pour passer le temps. Car Rayon d'or aime moins séduire qu'intriguer. La mésaventure des Crémieux, racontée dans un rapport de police, illustre sa perversité. Deux époux, parents de deux jeunes enfants, ne s'entendent guère. Elle va jouer à attiser la haine entre eux, pour forcer un destin déjà triste qui n'inspirerait pas même un vaudeville. Elle excite la jalousie du mari, au tempérament très violent, et lui raconte que sa femme a un amant. Elle fait suivre cette dernière, qui pour se défendre fait interroger Valtesse par la police. Mais Rayon d'or secoue sa chevelure de tigresse, bombe la poitrine et nie toute l'histoire. Et que ces messieurs n'insistent pas car Madame « est la maîtresse d'un haut fonctionnaire ».

Elle a le temps de s'amuser au détriment des autres, puisqu'elle ne s'occupe pas de ses proches. Aucun membre de sa famille n'a l'honneur d'entrer chez elle. Alléché par cette nouvelle fortune, ses frères et sœurs ont bien tenté de l'amadouer et de reprendre contact. En vain, elle ne veut plus jamais entendre parler d'eux, elle a rayé le passé. Quant à ses enfants, ce n'est guère mieux ! La cadette, infirme et idiote, habite chez sa mère, Emilie Delabigne, l'aînée, est malade à l'hospice de l'Enfant-Jésus. Son ancien amoureux, Richard Fossey, las de sa belle Algérienne, finit par rentrer en France pour retrouver sa maîtresse et ses deux filles. Valtesse l'accueille très froidement dans son somptueux boudoir. Elle a terriblement changé. Sûre d'elle-même, méprisante, magnifique. Elle lui jette en pâture quelques nouvelles de leurs chères petites. Atterré, il propose que la grand-mère les emmène vivre à la campagne, ce que Valtesse accepte. Emilie Delabigne part alors avec les deux fillettes au village de Limay, près de Mantes.

Pour Valtesse, la question est réglée et vite oubliée. Elle ne verse pas une larme quand, peu de temps après, la petite Valérie-Albertine meurt. A peine si elle va de temps en temps rendre visite à son autre fille, Julia-Pâquerette qu'elle préfère appeler « chère petite sœur ». Elle l'a fait venir de temps en temps à Ville-d'Avray pour la journée et envoie Meldola la promener dans les rues de Saint-Cloud.

Heureusement la grand-mère prend son rôle très à cœur. « J'aimais ma fille comme aujourd'hui j'aime la sienne. Malheureusement, le temps alors me manquait pour agir comme aujourd'hui », écrit-elle.

Des considérations qui n'intéressent pas Valtesse, tout occupée à sa réussite. Elle joue de ses nouvelles relations et, selon les rapports de police, « reçoit beaucoup de monde et passe pour choisir ses connaissances parmi les bonapartistes ». Les hommes défilent chez la belle Valtesse, des clients et quelques chanceux. Car elle a bien tout de même quelques faiblesses ! Comme beaucoup de courtisanes, elle prend un amant de cœur :

« Ce parasite auquel, dans les cas extrêmes, on donne un nom de poisson du genre des scombres [comprenez le maquereau] est en quelque sorte le complément de la courtisane comme le gui est l'écornifleur du chêne. La morale n'y peut rien. La logique y perd son latin. La police s'en moque (...) Par définition, le greluchon est jeune. Mais ce n'est pas une règle inflexible (...) Il est difficile d'énoncer des principes sur un thème qui relève essentiellement des caprices du cœur. Les courtisanes ne choisissent pas leurs greluchons. C'est le désir qui les guide. (...) Dans le cas — problématique — où la néophyte saurait choisir son amant de cœur avec discernement, il devrait alors réunir les qualités suivantes :

1° N'être pas trop beau.

2° Relativement honnête.

3° D'une taille correspondant à la hauteur du placard dans le cabinet de toilette [1]. »

A la fin de l'année 1873, Valtesse se choisit le bel

1. Maurice Dekobra, *Tu seras courtisane.*

Edmond de Lagrené, godelureau réputé auprès de ces dames, fils du premier ambassadeur de France en Chine, qu'elle entretient pendant quelques mois. Intelligent, cultivé, doté de beaucoup de charme, l'Apollon vit à ses dépens et, en même temps, aux crochets de M. Le Guevel de la Combe, lui-même entretenu par la maîtresse d'une maison de tolérance... Cela ne dérange pas Valtesse qui adore les histoires sordides, celles qui lui rappelle son adolescence, là d'où elle vient... « C'est pour aimer leur amant avec plus de désintéressement que ces filles se montrent si intéressées avec les gens dont elles sont les maîtresses [1]. »

Mais qu'importe les faux pas, ils ne dureront guère ! Il ne s'agit que d'une toquade, une petite distraction, rien de plus. Edmond de Lagrené « a souffert toute sa vie : il n'était pas assez riche pour être " Monsieur " et il ne pouvait se résigner au rôle secondaire de l'amant de cœur, à qui la soubrette dit " J'assure Monsieur que Madame n'est pas là " alors qu'il vient de voir une canne dans le porte-parapluie (...) Il lui fit une scène au premier chapeau masculin trouvé dans l'antichambre. Une heure après, appelé dans un moment d'expansion " Gustave " au lieu d'" Edmond ", il cria, tempêta, fut mis à la porte et vint sangloter chez moi longuement », raconte Gaston Jollivet [2].

Jollivet est d'ailleurs bien déçu quand il comprend qu'il ne console pas un amoureux transi rejeté par notre belle rousse, mais un amant excité par les femmes qui le font souffrir. Valtesse a raison : ils aiment ça !

Les hommes se précipitent tous à la porte de cette « cocotte à la mode à trois cent mille francs » comme la définit la police. D'ailleurs, on ne dit plus Valtesse, mais la comtesse Valtesse de la Bigne, s'il vous plaît ! Après s'être

1. Alfred Delvau, *Les Cythères parisiennes, op. cit.*
2. Gaston Jollivet, *Souvenirs de ma vie de plaisir..., op. cit.*

discrètement, pendant la guerre, crée un joli nom en coupant le sien en trois, Louise Delabigne s'attribue maintenant un titre. Avec son effronterie habituelle, elle vante dans les dîners mondains sa famille illustre de vieille aristocratie normande qui a su donner à la France de grands cardinaux et de valeureux soldats. Ancêtres de fiction dont le peintre militaire Edouard Detaille lui fera une galerie de portraits quelques années plus tard. Les la Bigne ne réagissent pas, isolés du côté de Vire et peu intégrés aux cercles parisiens. Ils n'apprendront l'existence de Valtesse que plus tard et préféreront le silence au scandale.

Notre horizontale n'est d'ailleurs pas la seule à jouer les comtesses. Alors que les grandes courtisanes de la fin du Second Empire, Anna Deslion, Marguerite Bellanger et les autres paradaient au Bois, couvertes d'or et de soie, se moquant complètement de la particule, les lendemains de la guerre de 1870 ont changé les mœurs de la société parisienne. Les aristocrates sont, pour la plupart, ruinés ou se terrent en province, affolés par la république qui ne leur présage rien de bien fameux. La voie est libre ! Il est aujourd'hui facile de s'inventer un passé.

C'est le règne des nouveaux riches, « La Troisième République est une république riche et surtout une république d'enrichis. On voit passer, dans leurs carrosses, des va-nu-pieds d'il y a dix ans, qui ont tous maintenant compte en banque. » Les bourgeois sans passé ni tradition rêvent de rivaliser avec les aristocrates, « ravis de dormir sur des oreillers brodés de couronnes de comtesses sans s'interroger sur leur authenticité [1]. »

Une aubaine pour toutes ces demi-mondaines qui se prennent pour des princesses, se dotent de noms à rallonge et « s'imaginent noblesse de robe alors qu'elles ne sont même pas noblesse de chemise car elles l'enlèvent trop

1. Albert Wolff, *La Haute Noce.*

facilement », se moque Nadar. Elles sont rares à résister à la tentation, à oser déclarer en public, comme la Belle Otéro : « Mais fichez-moi la paix avec vos baronnes et vos comtesses. Je ne suis pas une comtesse, moi, je suis la cabotine qu'on paie ! »

Les autres restent fascinées par le prestige de la particule : Emilie André devient Emilienne d'Alençon, Anne Marie Chassaigne sera Liane de Pougy (sur les conseils de Valtesse), Marie Antigny se transforme, d'un coup de baguette magique, en Blanche d'Antigny. C'est beaucoup plus joli. Ça attire les clients. Ça bluffe les imbéciles. Et ça trompe son monde.

Qui d'ailleurs s'en préoccupe ? Comme le dit le journaliste Aurélien Scholl : « Nous avons vu l'âge de fer, l'âge de plomb. Nous voici arrivés à l'âge du caoutchouc, celui où les consciences sont élastiques. »

Et finalement, à part quelques historiens et quelques chroniqueurs bien renseignés, qui se souviendra de toutes ces coquetteries de salon ? Fernand Xau l'écrit dans la revue *Gil Blas* en 1883 : « Est-elle réellement de la Bigne ? Cela importe peu, elle est Valtesse et Rayon d'or. »

Partout, on connaît Mme la comtesse Valtesse de la Bigne. La belle insolente réussit même encore de nos jours, à faire rêver Jean d'Ormesson avec « ce nom sonore [1] » digne d'un roman de Balzac.

Un nom, un titre, une fortune, elle possède tout pour mener une existence magnifique. La petite putain qui roulait sous la table est devenue une femme raffinée et cultivée. Elle a su s'inspirer de la vie de ses amants élégants et éduqués, imiter leurs belles manières, adopter un langage de femme du monde, apprendre à se tenir correctement et à mener une conversation intelligente. Ses maîtres ont été, sans qu'ils le sachent parfois eux-mêmes, Offenbach, le

1. Jean d'Ormesson, *Le Vent du soir*, J.-C. Lattès, 1985.

prince Lubomirski, le général Cammando, le prince de Sagan. Ces hommes riches et distingués aiment jouer les Pygmalions. Comme le duc de Guiche a mis un point d'honneur à faire de la grossière Marie Duplessis une femme gracieuse et délicate, comme Sainte-Beuve a appris patiemment à la future Jeanne de Tourbey l'art de la conversation, Lubomirski et les autres se sont fait un plaisir de transformer cette Louise un peu trop vulgaire en une comtesse Valtesse de la Bigne digne de ce titre.

« La beauté, le charme, le sex-appeal sont ici nécessaires mais ne suffisent pas, explique Simone de Beauvoir dans *Le Deuxième Sexe*. Il faut que la femme soit “ distinguée ” par l'opinion (...), elle ne sera “ lancée ” que lorsque l'homme aura proclamé son prix aux yeux du monde. Au siècle dernier, c'était l'hôtel, l'équipage, les perles qui témoignaient de l'ascendant pris par une cocotte sur son protecteur et qui l'élevaient au rang de demi-mondaine. Son mérite s'affirmait aussi longtemps que des hommes continuaient à se ruiner pour elle. »

La jolie villa de Ville-d'Avray ne suffit plus au standing de Valtesse qui fait sa véritable entrée dans le grand monde avec son installation boulevard Malesherbes. Une adresse qui ne doit rien au hasard. C'est ici qu'habitent tous les gens « pschutt » : peintres en vogue, comédiens célèbres et snobs de tout poil viennent y fuir les désagréments de Paris et se font bâtir d'incroyables demeures néogothiques, des châteaux à tourelles, des immeubles en pierre de taille décorés de macarons Louis-XV et de vitraux de style flamboyant, « un étalage de richesses » qui choque Zola dans *La Curée*.

C'est ici, au numéro 98, au coin de la rue de la Terrasse, que Valtesse fait édifier — grâce à la générosité du prince de Sagan — une demeure digne de son personnage, un autel pour la déesse de l'amour, dont le luxe et l'excentricité vont fasciner ses amis et intriguer les passants, avec son immense serre peuplée de plantes exotiques rares.

Un délire de pierre comme en rêvent les riches bourgeois qui adorent les mélanges de style entre le passé et la pacotille de l'ère industrielle. Elle a confié les travaux, qui se terminent en 1875, à l'architecte à la mode, Jules Favier. Par un magnifique escalier de pierre, construit par Charles Garnier, on accède à un immense vestibule dallé de carreaux noirs et blancs et orné de statues de marbre. Au coup de sonnette, arrive Meldola, la fidèle Mendola qui suivra Valtesse toute sa vie et qui a changé son nom, elle aussi, pour faire plus « vlan ». La rondelette Meldola se charge donc d'introduire les visiteurs dans l'antichambre, une grande pièce sombre aux fenêtres garnies de vitraux à l'ancienne dont l'un, devenu célèbre, représente l'allégorie des amours de Valtesse avec Napoléon III, un des mystères soigneusement entretenus par la belle rousse.

Les murs de l'antichambre sont couverts de portraits de chiens signés Henri Regnault, de trophées de chasse et d'armes. A gauche, la salle à manger au plafond en vieux chêne, sa cheminée décorée d'une toile d'Heilbuth qui représente une femme rousse au teint pâle et maladif, avec des yeux brillants et un sourire cruel, en train d'arracher les ailes d'un papillon aux couleurs éclatantes. Un trône en cuir de Cordoue permet à la maîtresse de maison de dominer ses invités, à côté d'un superbe cartel Louis-XIII portant la devise *« Vulnerant omnes, ultima necat »* (« Elles blessent toutes, la dernière tue »).

Notre « viveuse » a maintenant les moyens d'acquérir de belles pièces aux signatures prestigieuses, notamment plusieurs toiles de son cher et tendre Edouard Detaille, dont elle adore les grandes scènes militaires. Toujours fascinée par l'uniforme... Quelques œuvres de Gervex, autre amoureux transi, qui s'est installé près de sa belle, au 197, boulevard Malesherbes, des peintures de Boudin, Ingres,

Courbet, Forain, Raffaëlli, des sculptures de Carrier-Belleuse et de Carpeaux... « Rayon d'or » apprécie l'art, et il est de bon ton d'acheter des œuvres françaises pour sauver notre patrimoine qui peu à peu part pour l'Amérique : une jolie façon d'être patriote !

Tapis sombres, escaliers et plafonds en chêne foncé, lumière sourde des vitraux, meubles XVIIIe de « style Trianon », comme dit Valtesse, jardin d'hiver, comme l'impose la mode... l'intérieur de la comtesse de la Bigne est typique du chic « plaine Monceau » de la fin du XIXe siècle qu'un témoin de l'époque qualifie d'«écrin essentiellement parisien ». On raffole de ces ambiances sombres et étouffantes, de ces accumulations de souvenirs venant d'un peu partout : les Goncourt qualifient l'intérieur de Maupassant de « logis de souteneur des Caraïbes ».

Notre horizontale a sophistiqué le genre jusqu'à l'extrême, puisqu'un journaliste invente le terme de « Valtesstyle » pour désigner cette façon très particulière d'entasser objets et bibelots, dont elle est devenue experte. Elle vit avec son temps et cette fin de siècle appartient aux bourgeois qui amoncellent des trésors pour s'acheter une culture, un passé, une authenticité, une reconnaissance sociale. L'incroyable inventaire effectué dans cet hôtel lorsque Valtesse le vendra en 1902 prouvera qu'elle possédait des merveilles de tous les pays et de tous les styles : brûle-parfums, pagodes, pipes à opium, éléphants en bois sculpté, éventails d'ivoire, flambeaux gothiques, étoffes brodées, poupées ou tapisseries sont savamment disposés pour créer un décor qui émerveille le regard, une atmosphère des Mille et Une Nuits, obscure et étrange.

Mais le « clou du spectacle » est réservé à quelques intimes. C'est dans son boudoir du premier étage, que « Madame » de la Bigne reçoit ses amis, « se promenant devant eux avec un léger balancement des épaules et des hanches, une cigarette aux lèvres, les mains dans les poches de sa robe de satin noir, ouverte sur sa poitrine, de grandes dentelles retenues par des agrafes de jais laissant deviner les seins lisses et rigides [1] ». Tout est conçu pour impressionner le visiteur. A la manière de Lady Hamilton qui prenait des poses, au grand ravissement de ces messieurs, en imitant les statues antiques devant la glace, Valtesse a mis au point une mise en scène parfaite, puisque « toute la vie de l'hétaïre est une parade : ses paroles, ses mimiques sont destinées non à exprimer ses pensées mais à produire un effet [2] ».

Aux minauderies, Rayon d'or préfère la froideur cruelle d'une prêtresse. Son boudoir est tapissé jusqu'au plafond d'un crêpe de Chine noir, décoré de lions et de léopards aux couleurs éclatantes qui chassent leurs proies entre des arbres aux formes extraordinaires. De grandes baguettes d'argent ciselé et des torsades de satin couleur cerise relèvent les draperies et une immense vitrine remplie de livres étale la culture de la comtesse de la Bigne. Tous ces ouvrages l'ont aidée à comprendre les gens de la haute société et lui permettent d'inviter des esprits cultivés. Valtesse n'a pas un sens critique particulier ni un don littéraire exceptionnel (ses quelques œuvres en restent la preuve) mais elle possède une formidable mémoire, une intelligence fine et un culot suffisant pour répondre à toutes les situations et à toutes les discussions. Sa culture littéraire en étonne plus d'un. Elle adore Baudelaire, vénère Balzac, se passionne pour Nietzsche et rêve avec Lamartine. Ils sont, de toute façon, les auteurs à la mode, ceux qu'il faut aimer quand on est une Parisienne digne de ce nom. Dans son roman autobiographique, Valtesse consacrera de longs passages aux œuvres de sa bibliothèque : Rabelais, Montaigne, George Sand, Shakespeare, Voltaire, Plutarque, Saint-Simon, Edgar Poe, la Bible, Machiavel et bien

1. Auriant, *Les Lionnes du Second Empire,* 1935.
2. Simone de Beauvoir, *Le Deuxième Sexe.*

d'autres « livres de chevet qui ne sont pas vulgaires », témoignera A. de Fouquière...

Pour parfaire son image d'intellectuelle, elle rajoute Marguerite de Valois dont les écrits mystiques l'amusent. Mais d'autres écrivains « particuliers » sont plus révélateurs de son goût pour la provocation. Ainsi, Petrus Borel d'Hauterive, dit le « lycanthrope » ou « l'homme-loup », écrivain maudit et révolté, pauvre et morbide, dont les poésies des *Rhapsodies* ou le roman *Madame Putiphar* sont rythmés de métaphores grandiloquentes au sentimentalisme exalté et de scènes horribles de sadisme et de giclées de sang, de fous furieux qui tuent tout ce qui bouge et de femmes qui dissèquent leurs amants et les conservent dans un placard. Valtesse se délecte aussi de l'ironie grivoise de Paul de Kock dont *La Pucelle de Belleville* ou *Les Demoiselles de magasin* ridiculisent la bourgeoisie, mais elle a rangé sur la même étagère de sa bibliothèque les œuvres du fondateur de la « pièce sociale », Emile Augier, *L'Aventurière* ou *Sapho* qui font l'apologie de la morale bien-pensante. Et elle s'est certainement beaucoup amusée en lisant *Les Lionnes pauvres*, du même auteur, qui osait pour la première fois décrire la prostitution bon chic bon genre du Second Empire et les ravages du luxe et du stupre dans les foyers paisibles de Paris.

Elle cache aussi entre deux Balzac — tout en s'assurant qu'on le voit — un exemplaire des *Mémoires* de Louis Candler, ancien chef de service de Sécurité, qui ont été saisis, à leur sortie pour outrage à la morale publique et rélévations de secrets d'Etat. Une raison déjà suffisante pour exciter la sympathie de Rayon d'or, d'autant que le cher homme a bon goût puisqu'il cite le nom des authentiques la Bigne dans son passage sur la bataille de Waterloo : « ... quelques pas plus loin, je trouvai une gibecière sous le couvercle de laquelle était gravé, sur une plaque de cuivre “ la Bigne, sous-lieutenant au 55e de ligne ”. »

Valtesse l'avait bien dit que sa famille était composée de gens courageux et vaillants ! Non seulement Candler flatte son orgueil, mais en outre c'était un fidèle de Napoléon III, un atout de plus aux yeux de notre bonapartiste convaincue. Et puis Candler parle d'un monde qu'elle connaît bien : les lorettes qui poussent des malfaiteurs minables à faire les pires bassesses pour conserver leurs grâces et leur offrir des bijoux, les grisettes qui s'autorisent un « amant de cœur » beau et élégant qu'elles entretiennent dans les meilleurs conditions, les entremetteuses qui trouvent pour leurs clients des « femmes à la mode », cotées comme des actions de chemin de fer, et des jeunes filles pures qui ne le resteront pas.

9

Le lit, trône de la volupté

« Le décor vaut mieux que les acteurs, l'imagination du client travaille seule [1]. » Valtesse a fait sienne par anticipation cette maxime de Mac Orlan. Sa chambre est devenue le repaire de la séductrice.

Meuble principal du lieu, trône de l'érotisme, le lit est le mot de passe d'un club très fermé, celui des hommes qui peuvent s'offrir le luxe d'y accéder, qui ont le plaisir de pouvoir placer dans une réunion entre hommes une petite allusion, une description à demi-mot, un détail prouvant qu'ils y ont passé quelques heures, car « une femme est une affaire de vanité quand elle n'est pas affaire de tempérament », avoue Aurélien Scholl. Ce fameux lit qu'Alice Ozy nomme « mon album » et Barbey d'Aurevilly « le champ de manœuvre de ces femmes » doit être à la hauteur des talents de sa propriétaire :

« Au mobilier incombe la responsabilité d'informer l'amant des dispositions de cœur de l'aimée. Partie prenante au nœud de l'intrigue, il accélère ou ralentit, provoque ou diffère, encourage ou désespère, accueille ou congédie [2]. »

1. Pierre Mac Orlan, *Rues secrètes, op. cit.*

2. J.-C. Renard et F. Zabaleta, *Le Mobilier amoureux ou la volupté de l'accessoire*, dédié « à la race infatigable des courtisanes », éd. Chimères/le Musée égoïste, 1991.

Pour impressionner ses clients, Valtesse choisit les grands moyens : sous un plafond de 5,60 mètres de hauteur, s'élève un théâtre digne de grandes scènes amoureuses, dont la scène est ce lit époustouflant de luxe, payé cinquante mille francs... même Liane de Pougy restera rêveuse devant une telle somme ! Aujourd'hui au musée des Arts décoratifs et magnifiquement restauré pour l'exposition « Rêves d'alcôves » en 1995, il reste l'un des rares témoignages des lieux de volupté de la fin du XIXe siècle. Conçu par Edouard Lièvre dans un style Renaissance, c'est un lit de parade, posé sur deux marches et entouré d'une balustrade en bronze digne du Roi-Soleil. Ce chef-d'œuvre a la particularité d'être en bois, gainé de peluches puis recouvert d'un décor de bronze et surmonté d'un dôme majestueux. Un cupidon vole au-dessus du chevet, soutenant une lampe pour éclairer les ébats érotiques de la belle. Des plumes, de la peluche bleue, des couronnes d'or et des drapés à l'antique, des branches de thyrse, emblème de Bacchus, et un baldaquin impressionnant, rien n'est trop beau pour ce lit que seuls les privilégiés ont la chance d'apercevoir. Placé sous le signe du faune, cette divinité champêtre des Romains que Valtesse appelle « le petit dieu malin », il est le trône du plaisir. Bienheureux qui peut arriver jusqu'ici ! Et connaître le doux frisson du bas de soie qui tombe, sous le plafond peint par P. V. Galland, où une bacchante danse à demi nue au milieu des roses en trompe-l'œil à la manière du XVIIIe siècle.

Quand elle s'installera dans sa nouvelle propriété, la Chapelle du Roy, à Ville-d'Avray, l'horizontale fera remonter son célèbre lit, mais avec une peluche vert d'eau, le nouveau ton au goût du jour, dans un style toujours théâtral, en y ajoutant un meuble à niche surmonté de l'inscription « Ego ». C'est la grande mode de ces lits-monuments qui glorifient leur propriétaire et affichent leurs armes. Valtesse ne s'en prive pas. Son V et les trois roses, armoiries de la véritable famille de la Bigne, sont portés par des anges sous des couronnes de comte.

Les lits de la Païva — qui « auraient dû écrire leurs mémoires », regrette Villemessant — ont aussi frappé les imaginations, telle cette conque tirée par quatre cygnes et surmontée d'une sirène, tout en acajou, qui pesait une tonne et demie. Lors de la construction de l'hôtel des Champs-Elysées, le comte de Donnersmark, Allemand richissime et époux officiel de la Païva, était tombé d'accord avec l'artisan ébéniste sur un prix de cinquante mille francs. Un joli petit matelas pour des nuits amoureuses. Arrive Madame, qui s'exclame : « Cinquante mille francs ! Vous voulez donc que j'ai des punaises ! Il faut cent mille francs ou se passer de lit ! » « Inscrivez cent mille francs » conclut simplement le comte.

Les courtisanes rivalisent à coups d'or et d'oreillers brodés. On fantasme en lisant la description par les frères Goncourt de celui de Julia Beneni, dite la Barrucci : « Un charmant lit de style Louis-XVI, assez large pour que le Pactole y couche [allusion à la rivière mythique qui charriait de l'or depuis que Midas s'y était baigné], à la tête une copie de *La Vierge à la chaise* [de Raphaël]. Bonne place pour un chef-d'œuvre [1]. » Quand ses amants sont un peu désargentés, la brune au teint d'opale loue sa chambre à des femmes du monde, très excitées de passer quelques heures dans le lit d'une courtisane célèbre avec l'homme de leur choix.

Quant à celui de la Dame aux Camélias, Marie Duplessis, Dumas fils nous le décrit : « Un magnifique lit Boulle posé sur une estrade, avec des cariatides de dix pouces à chaque pied, représentant des faunes et des Bacchantes. Les colonnes plates de ce lit sont surmontées d'aiguières entrelacées de vignes au milieu desquelles jouent des amours. »

1. *Journal* des Goncourt, 8 novembre 1863.

Le lit est le lieu même du fantasme, et c'est bien ainsi que le conçoit Marguerite Bellanger lorsqu'elle avoue dans ses *Confessions* avoir trompé Napoléon III à la suite d'un déjeuner tête à tête avec un beau général. Elle se retrouva poussée « presque sournoisement » dans un boudoir « des plus coquets, des plus voluptueux. Dans ce boudoir était un lit. C'était une couche en ivoire ciselé, gracieusement dissimulée dans une niche d'azur au fond de laquelle était peinte une guirlande d'amour entourant une Vénus d'une éblouissante beauté et se dessinant dans une apothéose. (...) L'atmosphère de ce boudoir était saturée des parfums aphrodisiaques les plus enivrants. Nous arrivâmes tout proches du lit. Je fus coupable ! Ce jour-là, je trahis cette fidélité que j'avais toujours juré à l'empereur de lui conserver ».

Mais ces chefs-d'œuvre ne sont rien en comparaison de celui de Valtesse. Depuis longtemps, elle l'a rêvé, imaginé, dessiné, réfléchi ; elle le décrit dans les moindres détails dans *Isola* :

« Son grand lit, insolent et superbe, posé presque au ras de l'estrade élevée de deux marches, recouvertes de velours noir. Il était en chêne sculpté, soutenu aux quatres angles par des amours nus et souriants. Le panneau de devant, très bas, était composé de deux bas-reliefs représentant l'un le mariage de Vénus avec Vulcain, l'autre Vénus et Pâris (...) Des mains de cette adorable Vénus qui souriait cruellement, s'échappait un flot de dentelles et de satin qui formaient les rideaux du lit. »

Les rêves de Valtesse sont aujourd'hui plus beaux encore et la chambre qu'elle s'est offerte est plus somptueuse que celle d'Isola, plus luxueux que celle de la Païva, plus inaccessible qu'aucune autre. Ni les titres ni la célébrité n'émeuvent Rayon d'or qui se paie le culot d'éconduire les curieux. A son grand ami Dumas fils, amant de cœur de la Dame aux Camélias, elle accepte de faire visiter en détail son hôtel particulier. Ce dernier se croit chez son héroïne Mrs Clarkson et lui dit, enchanté :

« Maintenant, il reste à voir le plus intéressant.

— Quoi donc ? demande Valtesse.

— La chambre à coucher !

— Ça, mon cher maître, non ! Ce n'est pas dans vos moyens ! »

Quant à Zola qu'elle invite à dîner un soir pour l'aider dans ses recherches concernant *Nana*, elle lui ferme la porte de sa chambre d'un simple « Chasse gardée, maître ! ». Alors qu'à l'époque son lit est en cours de fabrication dans l'atelier de Lièvre, puisqu'il sera achevé en 1880, Zola s'en inspira pourtant pour décrire le lieu de culte de sa *Nana*, publié fin 1879, grâce à des rumeurs et aux témoignages indiscrets de certains clients du sculpteur :

« Mais la chambre d'ailleurs était simplement faite pour servir de cadre au lit, un prodige, un éblouissement. Nana rêvait d'un lit comme il n'en existait pas, un trône, un autel, où Paris viendrait adorer sa nudité souveraine. Il serait tout en or et en argent repoussé, pareil à un grand bijou. »

Dans la chambre d'une courtisane, un autre meuble a son importance : la cheminée, où le client dépose discrètement — s'il est éduqué — le juste salaire d'une nuit de travail, « le tribut » comme dit Cora Pearl, cet argent qui joue un rôle purificateur et permet à la femme de se venger des bassesses que l'homme lui impose. Ces cheminées, généralement énormes, comme celle de la Païva en malachite verte décorée d'une femme allongée sous le regard de Cupidon sculptée par Carrier-Belleuse, participent à l'ambiance théâtrale d'un palais du plaisir.

Les « relations » de Valtesse, hommes politiques, banquiers, romanciers, peintres, viennent ramper à ses pieds et la contempler dans son déshabillé de satin noir, mais n'ont pas toujours la fortune suffisante pour la suivre jusque dans son lit. La vengeance est si douce...

« L'homme pendant des siècles, explique Mme Hudry-Menos, a accusé la femme de toutes les perversités afin de s'excuser lui-même. Dans la lassitude de ses sens, énervés par une possession sans contrôle, il l'a éclaboussée des plus basses injures, oubliant qu'il l'adorait tant qu'il la désirait encore. Elle a courbé la tête, elle s'est crue une grande pécheresse ou bien, elle a gardé au coin des lèvres cet énigmatique sourire des femmes qui ont beaucoup aimé [1]. »

Valtesse a ce sourire. Celui d'une reine de l'amour qui garde la tête joliment haute devant tous ces grands noms défilant chez elle, imperturbablement indifférente aux potins des échotiers mondains qui se délectent avec cet étrange personnage. Pas une semaine sans que l'on raconte son emploi du temps, que l'on décrive ses toilettes, que l'on se gausse de ses rivalités, que l'on s'amuse de ses reparties. Elle a l'élégance méprisante et laisse les chiens aboyer. Elle connaît trop bien la méchanceté humaine pour y répondre à visage découvert et préfère pour se défendre les ambiances d'alcôve. Mais son sourire se fige légèrement quand elle entend les amateurs de femmes se moquer, comme Maupassant, redoutable coureur de jupons : « La femme ressemble à ces verres de champagne où tout est mousse. Quand on a fini par trouver le fond, c'est bon tout de même, mais il y en a trop peu. » Las ! Elle choisit le dédain et préfère ignorer qu'un journaliste raconte l'anecdote de ce « sous-préfet, un charmant et joyeux garçon, ancien demi-mondain de Paris qui, avec des protections, est venu s'échouer dans l'administration départementale. Un jour, notre fonctionnaire convoque chez lui les maires de son arrondissement pour une communication importante. Les maires arrivent. On les introduit dans le cabinet

1. *La Femme*, éd. Schleicher Frères, 1900.

de l'ex-boulevardier. Celui-ci va venir dans un moment, il est en train d'achever sa toilette. Dans le cabinet, un grand portrait de femme est accroché au-dessus du bureau, à l'endroit le plus apparent. » Les maires l'examinent avec curiosité : qui diable cela peut-il être ? L'un des visiteurs s'écrie tout à coup : citoyens, c'est la République ! Une appétissante République, assurément ! Habillée, coiffée, pomponnée et décolletée, donc ! La même voix ajoute : Chapeau bas devant le symbole du gouvernement de la France ! Or savez-vous devant qui se découvraient avec respect les magistrats municipaux ? Devant la photographie de Mlle Valtesse [1] ! »

1. Cité dans Auriant, *Les Lionnes du Second Empire, op. cit.*

10

Isola, roman autobiographique

C'est pour faire taire certains ragots, raconter « sa » vérité et expliquer sa réussite si rapide, que « Rayon d'or » publie en 1876, chez Dentu, l'éditeur « smart », son roman autobiographique *Isola*, qu'elle signe « Ego ». Par défi, par fidélité à sa devise. Et par prudence, sans doute pour éviter que la véritable famille de la Bigne, qui a fermé les yeux jusque-là sur les frasques de la courtisane, ne commence à s'agacer, du fin fond de sa Normandie.

Le roman autobiographique est très à la mode, l'époque est atteinte d'« écrivomanie ». Même les femmes s'y mettent ! Toutes les bourgeoises un peu instruites rêvent de devenir écrivains et se cachent derrière des pseudonymes masculins — comme George Sand, Mme de Martel qui se fait appeler Gyp, ou Marie de Régnier dite Gérard d'Houville — afin d'éviter « l'humiliante assimilation à cet hermaphrodisme moral, le bas-bleu ». Rien de tel avec Valtesse qui se proclame « femme de plume » !

Ce « troisième sexe » agace ces messieurs : écrivains, critiques, directeurs de journaux vont se serrer les coudes pour freiner l'élan de ces « amazones littéraires ». Il faut bien que ces dames s'occupent, mais on ose espérer qu'il ne s'agit que d'une simple mode, soyons sérieux ! Dans ce contexte, les premiers essais romanesques de Valtesse sont accueillis avec une certaine ironie !

Elle y raconte la vie d'Isola de Freder, ravissante créature du « demi-monde », ce terme inventé par Dumas fils pour le titre d'une pièce créée en 1855. Isola est entretenue par un prince valaque qu'elle n'autorise pas à sortir en sa compagnie, car elle a besoin de liberté et ne supporte pas la jalousie. Il couche avec elle, c'est bien suffisant ! Car elle « est la plus charmante des femmes, aimable, enjouée, spirituelle, d'une grâce exquise, de grands airs de duchesse en partie fine, pas banale et que l'on ne quitte qu'à regret ». Un soir, au théâtre où se retrouve le Tout-Paris, « celui qui écrit, celui qui parle, celui qui paie », Horace de Kerhouët aperçoit la belle courtisane et en tombe fou amoureux. Ce gentilhomme breton riche et honnête croit à l'amitié, à l'amour et à la vie éternelle. En vain son ami le vicomte Jehan de Marchenoir tente-t-il de le mettre en garde contre cette sirène maléfique :

« Ne va pas chez cette femme, lui répète-t-il. Elle est dangereuse. Malheur à qui s'endort à l'ombre de ses yeux ! Pour moi, Isola est un monstre. Elle possède merveilleusement l'art de séduire, charmer, captiver celui que sa beauté fascine. Il devient sans révolte son esclave. Elle le soumet, l'assujettit par une logique irrésistible, à tous les entraînements de son imagination... Malheur à qui veut regarder au fond de ses yeux de félin qui savent tout, même rayonner de candeur. D'une force et d'une énergie indomptables, cette femme est toute-puissante, pour le mal dont elle a le génie infernal... Comme César, qui dictait en même temps 12 lettres à autant de secrétaires, elle est capable de mener de front 12 intrigues, ne s'intéressant qu'à celle qui lui permet de développer son ardeur pour la lutte, son habileté à triompher des difficultés. Dans la solitude de ses pensées, elle jouit avec délice du mal qu'elle fait... elle n'a qu'un complice : son immense orgueil. Qu'un but, qu'une passion : elle, elle seule, toujours elle ! »

N'importe quel homme sensé s'enfuirait à toutes jambes en écoutant un tel discours, mais Horace est un brave et l'idée de cette bataille contre un ennemi aussi délicieux excite encore plus ses ardeurs. Partant à la charge comme un courageux soldat, il finit par se faire inviter chez la courtisane et arrive dans une pièce qui « traduisait fidèlement ses aspirations, un luxe fou, des livres, un supplice de martyr, des armes, une psyché ».

Le martyre, que Valtesse décrit dans les moindres détails, est « un grand tableau espagnol représentant avec les détails les plus horribles un chrétien auquel ses bourreaux, après lui avoir ouvert le ventre, retirent les intestins qu'ils enroulent sur un cabestan ». (En réalité le tableau auquel elle pense, *Le Martyre de saint Erasme*, est signé de Nicolas Poussin en 1628 pour le basilique Saint-Pierre et se trouve aujourd'hui à la Pinacothèque du Vatican. Désolée chère Valtesse pour cette petite erreur de culture, à moins que ce ne soit une coquetterie de femme « pschutt », car les Français découvrent la peinture espagnole et sont fascinés par ses ambiances sombres et dramatiques.)

Mais les pires supplices n'effraient pas Horace (Alexandre de Kergaradec de son vrai nom, qui va jouer un rôle important dans la vie de Valtesse). Il rentre, la tête haute et l'œil conquérant, dans le fameux boudoir de la « belle pécheresse » qui le reçoit comme un chien, joue l'indifférence tout en papillonnant des cils et fait son travail d'allumeuse devant le malheureux qui brûle déjà de mille feux. « Elle se tenait droite, en face de lui, la tête un peu renversée en arrière, ses grands yeux dont les paupières battaient dans un clignement pareil à celui des félins plongeaient dans ceux d'Horace, sa bouche merveilleusement découpée avait un sourire fier et provocant... »

Le gentil imbécile repart la tête à l'envers, la belle a piégé la bête qui rêve de grand amour et devra se contenter d'une « liaison flirtée ». Pour maintenir la pression, elle lui envoie, en guise de billets doux, des maximes amorales et charmantes :

« Les maladies de l'âme n'existent que par la lâcheté de l'individu, qui ne sait pas secouer énergiquement ces douleurs stupides, qui, comme des taons, essayent de percer notre chair et se frayent jusqu'au cœur, qu'elles vont ronger, une sanglante voie » ; « Il faut aimer peu ou beaucoup, suivant sa nature, mais vite, pendant un instant, comme on aime le chant d'un oiseau qui parle à votre âme et dont le souvenir s'éteint avec la dernière note, comme on aime les teintes empourprées du soleil, au moment où il disparaît à l'horizon » ; « Le présent est à moi, j'en profite, j'en jouis. Mais par quelle folle présomption engagerais-je pour demain un cœur des battements duquel je ne réponds pas » ; « J'ai 20 ans [notons que la finaude se rajeunit de huit ans...] et déjà je suis comme ces vieux joueurs qui se contentent, n'ayant plus d'argent, de suivre la partie des autres, en regardant par-dessus leur épaule, méprisant la gaieté de l'un, riant du désespoir de l'autre, se moquant de tous deux, sachant bien par expérience qu'ils arriveront au même résultat, inévitable et fatal, la ruine. »

Horace est horrifié. Mais têtu et toujours plus amoureux, il se met en tête de sauver la belle rousse qui lui raconte son enfance, ses débuts comme demoiselle de magasin, les horribles messieurs qui ont abusé d'elle, son fiancé qui lui a promis le mariage mais a fini par en épouser une autre et tous ses espoirs déçus. « La tête rejetée en arrière, l'œil plein de flammes, elle semblait menacer un ennemi invisible, défier l'univers. On sentait l'orgueil rugir dans un sauvage regret de sa pureté perdue. »

Isola fond en larmes et philosophe sur sa « vie cruelle et désenchantée », avant de déclarer : « Vous m'aimez, dites-vous, eh bien, croyez-moi, partez, éloignez-vous, vous guérirez. Mais laissez-moi, je suis condamnée à vivre seule et si je me prenais d'amour pour vous, la plus grande preuve que je pourrais vous en donner, serait de vous le cacher. »

Le pauvre Horace s'en retourne tristement au château paternel pour épouser une jeune fille de bonne famille moins compliquée et beaucoup moins sexy. Quand Isola se meurt, minée par la phtisie galopante, la maladie romantique à la mode, il court au chevet de la belle qui l'aime mais ne veut pas l'avouer, et recueille sur ses lèvres pâles un dernier blasphème en guise de bénédiction.

Toute cette histoire était bien jolie, mais les lecteurs sont très déçus ! Ils voulaient des confidences truculentes, des potins à raconter dans les salons mondains. Que nenni ! Valtesse s'est bien gardée de raconter les origines exactes de sa fortune. Quant à ses amants, elle reste très discrète sur le sujet et ne cite que le prince Lubomirski, déjà connu de tout le monde. Pas de quoi jaser dans les dîners... Et il ne faut pas compter sur les critiques pour défendre son œuvre.

Après avoir découvert qui se cachait derrière le pseudonyme Ego — ce qui prendra peu de temps vu qu'il est inscrit partout chez elle, jusque sur les appareils sanitaires —, les journalistes se demandent si leur confrère Fervacques, auteur des *Mémoires d'un décavé*, n'aurait pas servi de « repasseur » à Mme de la Bigne. Puis, ils acceptent l'idée qu'elle ait pu l'écrire seule, en ravissant amateur.

« L'eunuque prussien », Albert Wolff, si cinglant, explique avec une certaine tendresse, dans *Le Figaro*, la volonté de cette « Sévigné des cabinets particuliers... une des rares filles de Paris dont la vie amusante à toute vapeur n'ait pas fait une parfaite grue » et dont le petit livre à couverture couleur « cuisse de biche apprivoisée » aurait atteint un tirage, dit-on, important. « C'est le roman d'une étrangère des Batignolles, écrit-il. Il arrive toujours un moment dans la vie d'une jolie femme, où elle éprouve le besoin d'expliquer au public pourquoi, tout en économisant cinquante mille livres de rentes, elle a gaspillé le capital qu'elle tenait de ses parents... *Isola* nous raconte comment elle s'habille, se meuble, comment elle cause, écrit et aime... *Isola* n'est pas un livre, c'est un prospectus. »

Un prospectus dont certaines pages restent, malgré tout, savoureuses, surtout lorsqu'elles décrivent ses concurrentes :

« La belle Hélène est du reste comme une princesse et sa politique est d'une simplicité enfantine. Aux princes, elle dit " avec plaisir ", aux pauvres, elle répond " je n'ai plus d'argent ". Dans la loge voisine, s'agite une créature remarquablement laide, Zulema Tonneau [il s'agit sans doute de la fameuse Zulma Bouffard qu'Offenbach a quittée pour Valtesse] qui fait rapporter à sa laideur beaucoup plus que ses collèges n'obtiennent de leur beauté. Le nez de Zulema est tout un poème burlesque. Elle le poudre comme une perruque Louis-XV, le peint, lui dessine des ombres, le mire dans la glace portative, prévient ses besoins, le tapote, le flatte, l'enhardit et lui fait faire son chemin dans le monde. Oui, certes, Zulema a du nez. Elle n'en a qu'un mais il sert, dit-on, pour quatre ! »

La concurrence est rude entre les bayadères ! Si leurs regards pouvaient lancer des flammes, il y aurait quelques scènes chaudes et meurtrières au théâtre, et plus encore au bois de Boulogne, cet immense salon d'été où s'affrontent le monde et le demi-monde, avec son rituel immuable. Un rituel que Valtesse ne manquerait pour rien au monde. Chaque jour, les calèches, huit-ressorts, poney-chaise, tilburys, phaétons, victorias, ducs et mail-coachs signés des noms célèbres de la carrosserie parisienne remontent les Champs-Elysées pour un défilé en équipage et en grande tenue. Ils gagnent l'avenue de l'Impératrice (actuellement avenue Foch) pour arriver dans le plus beau théâtre de la comédie humaine. Celui que l'on appelle familièrement

« le Bois » — lieu si prodigieux qu'il en a gagné une majuscule — a extraordinairement changé depuis le Second Empire.

Jusqu'en 1852, c'était « une vraie forêt, un peu rachitique et malingre sans doute, mais avec des arbres qui poussaient à tort et à travers, des sentiers qui allaient en zigzag, de la mousse, de grandes herbes qui vous gênaient les pieds, des fourrés sans queue ni tête [1] ». Après deux ans de travaux, Napoléon III en a fait un bois citadin et moderne qui enthousiasme la foule et fait s'exclamer Eugène Chapsus :

« Ce confluent général du grand et du petit sport équestre de Paris est aujourd'hui un Eldorado d'ombre et de fraîcheur, une oasis, un parc, un promenoir qui surpasse, à ce point de vue du sport équestre, le bois des Faucons à Moscou, le Jardin des Morts à Constantinople, le Prater à Vienne et Hyde Park à Londres... A côté de ses belles allées au macadam plus lisse qu'asphalte, itinéraire obligé des cavalcades, il a ses carrefours étoilés de routes, ses laies, ses cantons solitaires, ses taillis mystérieux où la pensée s'égare dans un calme poétique [2]... »

C'est ici, dans ce parc calme et majestueux, que se retrouve maintenant le gratin parisien, que brillent les derniers feux de l'aristocratie et de la grande bourgeoisie française, perpétuant cet art de vivre célèbre dans le monde entier et dont la Grande Guerre sonnera le glas. Ici, tout personnage de la bonne société vient entretenir sa notoriété et se montrer une heure ou deux, entre onze heures et midi ou à partir de quinze heures. Autour du Grand Lac et le long de l'allée des Poteaux, chère à Proust, on se tient au courant des derniers potins mondains, on remarque un

1. Victor Fournel, *Paris nouveau, Paris futur*, 1865.
2. Eugène Chapsus, *Le Sport à Paris*, 1854.

sourire, on repère un regard, on détaille une robe ou une voiture nouvelle et on en entend de bien bonnes.

« Cette avenue où tout se passe, où tout change, où l'on se salue, où l'on s'envie, où l'on se hait, où l'on s'admire, voit naître la première mode et le premier bouquet. Elle a la primeur de tous les colifichets et c'est pour se montrer à elle que s'épanouissent en plein soleil tant de toilettes extravagantes [1]. »

Même le célèbre Bruant chante les louanges du Bois au cabaret *Le Mirliton* :

C'est un bois qu'est vraiment rupin
Quand on veut faire un bon chopin
On s'y fait traîner en sapin
Et sans vergogne
On choisit tout au long du bois.
Là y'a que d'la grenouille de choix
Y'a même des gonzesses de rois
Au bois de Boulogne.

Les demi-mondaines règnent sur cet empire de froufrous, arborant les tenues les plus folles pour mieux se faire voir et provoquant l'exaspération des femmes « comme il faut » qui les toisent, les injurient du regard tout en notant chaque détail de leurs toilettes qu'elles peuvent copier. Cette faune du Bois a inspiré les plumes de l'époque, notamment Gyp, romancière anticonformiste rendue célèbre par ses prises de position lors de l'affaire Dreyfus, excellente cavalière et grande observatrice de son époque.

Le parvenu, nous explique-t-elle dans *Sportomanie*, « vient au Bois vers onze heures dans une tenue excessivement élégante mais affectant une allure négligée », tandis

1. Philippe Perrot, *Les Dessus et Dessous de la bourgeoisie, histoire du vêtement au XIXe siècle*, Fayard, 1981.

que la jolie femme n'a qu'un souci en tête : « faire constater au promeneur que sa beauté ne redoute pas le grand jour et qu'elle peut impunément valser jusqu'à six heures du matin sans craindre d'être moins fraîche à neuf heures ». Un peu plus loin, on rencontre quelques « gommeux en jaquette gris-lilas et pantalon pain brûlé », une marchande de bouquets champêtres qui évitent à ces messieurs de se salir les bottes pour aller ramasser une poignée de violettes, des braconniers qui « ont l'audace de tendre des pièges aux rossignols », « l'homme aux nids, qui ramasse la mousse et la vend aux amateurs », et Jean Delton, qui finira par se faire appeler John pour faire plus chic, installé au Pré-Catelan comme « photographe hippique » pour immortaliser les jolies cavalières et leur chevalier servant. Pour mieux nous mettre dans l'ambiance, Gyp nous laisse écouter un dialogue, au détour d'un buisson :

« Comment, c'est déjà la marquise ?

— Impossible, à quatre heures et demie, elle soupait chez les de X !

— Ce qui n'empêche pas que la voilà... Elle est de fer cette femme-là !

— Et quelles chairs, hein [1] ?... »

On imagine l'œil grivois et la moustache frétillante des deux compères. Dans une telle ambiance, Valtesse se sent chez elle, arborant des tenues somptueuses, tourbillonnantes de rubans et de dentelles, dans sa voiture bleue, frappée de ses armoiries, accompagnée de ses chiens. Célèbre dans tout Paris, elle peut rencontrer qui elle veut. C'est ainsi qu'elle demande à l'un de ses proches de lui présenter Guy de Maupassant. Elle fait sa connaissance un soir de 1877 et devient l'une de ses amies « en tout bien tout honneur », comme en témoigne un télégramme qu'il lui enverra le 4 avril 1885, pour s'excuser de ne pas honorer un rendez-vous :

1. Gyp, *Sportomanie*, 1898.

« Chère amie. Il me sera impossible de vous dire adieu et de vous baiser la main. Je vais être retenu jusqu'à huit heures du soir au moins chez mon éditeur pour correction d'épreuves. Pardonnez-moi et croyez-moi votre ami bien dévoué. G. de Maupassant. »

Leur intimité est telle que notre cocotte a le privilège d'être invitée à la représentation de sa pièce de théâtre pornographique *Feuille de Rose*. Cette « comédie de mœurs (mauvaises) » écrite avec la collaboration de Robert Pinchon, dit La Toque, raconte l'histoire de deux jeunes mariés provinciaux qui cherchent un hôtel à Paris et finissent dans une maison close sans le savoir. Défilent pensionnaires et clients en quête de plaisir, un vidangeur, un bossu particulièrement exigeant, un capitaine retraité qui fait l'amour à la hussarde, un valet de chambre surnommé « Crête de coq » (en référence à la maladie vénérienne) et une fille de joie très demandée. Le jeune ménage passe de main en main et finit par prendre goût à la chose. Jouée par des hommes, tous comédiens amateurs (Maupassant incarne la fille de joie, Octave Mirbeau le mari, etc.), cette pièce n'aura que deux représentations. La première, le 13 avril 1875, dans l'atelier de Maurice Leloir, quai Voltaire, et la seconde en mai 1877, dans l'atelier du peintre Becker, 26, rue de Fleurus, devant un parterre de roi : Flaubert, Zola, Tourgueniev, Paul Alexis, Léon Hennique, J.-K. Huysmans, Edmond Laporte, Guillemet et Edmond de Goncourt, manifestement mal à l'aise :

« C'est lugubre, ces jeunes hommes travestis en femmes, avec la peinture sur leurs maillots d'un large sexe entrebâillé ; et je ne sais quelle répulsion vous vient involontairement pour ces comédiens s'attouchant et faisant entre eux le simulacre de la gymnastique d'amour. L'ouverture de la pièce, c'est un jeune séminariste qui lave des capotes. Il y a au milieu une danse d'almées sous l'érection d'un phallus monumental et la pièce se termine par une branlade presque nature. (...) Cinq ou six femmes, entre autres la blonde Valtesse, se trouvaient là, riant du bout des lèvres, par contenance, mais gênées par la trop grande ordure de la chose. Lagier elle-même ne restait pas jusqu'à la fin de la représentation. »

La farce trouve malgré tout quelques amateurs, notamment Flaubert qui rit à gorge déployé et raconte partout le lendemain que cet humour paillard est bien « rafraîchissant ».

Cette *Feuille de Rose* s'inscrit dans une tradition issue du XVIIIe siècle, celle d'un théâtre clandestin où un public très privé se pâmait d'aise en assistant à des spectacles érotiques, jeux mythologiques et saynètes grivoises. Le XIXe siècle est plus pudibond — du moins en apparence — et seuls quelques compagnons de bordel osent s'aventurer dans ces contrées sexuelles. La perversité se cache, la pornographie est mal acceptée. Ce sont les courtisanes qui symbolisent maintenant le fantasme érotique, telle Valtesse, l'œil ombrageux et le sein en avant, sous sa longue chevelure rousse.

11

La « Nana » de Zola

Si l'auteur d'*Isola* a laissé peu de traces dans l'histoire de la littérature française, son personnage a inspiré les écrivains, notamment Zola. En 1877, il publie *L'Assommoir* et donne vie au personnage de Nana, la fille de Gervaise et de Coupeau, déjà « vicieuse » à six ans, « jolie pépée » aux « quinquets luisants » et aux « nichons de satin blanc tout neuf » à dix, petite garce qui abandonne sa mère pour se lancer dans le monde. Devant le grand succès de cette œuvre sur la tragédie sociale de l'époque, Zola décide de lui écrire une suite. Ce sera l'histoire de Nana qui vengera ses parents de cette société cruelle ! Elle sera courtisane, croqueuse de diamants et grignoteuse d'âmes.

Le sujet n'est pas d'une grande originalité. Alfred Delvau dans *Les Plaisirs de Paris* (1867), Arsène Houssaye dans *Les Courtisanes du monde* (1870), ont déjà décrit avec une joie lubrique la vie mouvementée de celles que l'on appelle les amazones de Paris, les joueuses, les dames de Risquenville, les mangeuses d'hommes, les dames du lac, les viveuses ou les petites chattes de ces messieurs... Avant eux, Alexandre Dumas, Victor Hugo et d'autres se sont inspirés des lorettes et de leur existence souvent dramatique. Le Second Empire a donné à ce thème une dimension nouvelle, avec une classification précise qui suit tous les degrés de la galanterie : favorites de l'Empereur, demi-mondaines enrichies comme la Païva, anciennes grisettes devenues courtisanes ou simples prostituées des boulevards ou des gargotes des bords de Marne. A la pauvre fille déchirée par la cruauté de la vie, gentille et fragile, a succédé la courtisane audacieuse, la belle pécheresse cynique et redoutable.

Mais Emile Zola n'est pas du genre égrillard et ne veut pas écrire un livre de plus sur ce thème trop à la mode. Il a déjà expliqué dans *L'Evénement* du 29 mars 1866 qu'il ne supportait pas « ces livres médiocres et bêtes qui ne peuvent tenter que des collégiens en vacances » et qu'il attendait « l'histoire vraie du demi-monde, si jamais quelqu'un ose écrire cette histoire ». En tant qu'observateur de son époque, « anatomiste » de la société, il a entrepris de tracer le « drame poignant d'une existence de femme perdue par l'appétit du luxe et des jouissances faciles », un nouveau pan dans la fresque monumentale des *Rougon-Macquart*.

Belles intentions, mais Zola ne connaît absolument rien au sujet. Dès le début de l'année 1878, il commence donc son enquête et se fait aider par ses amis. Flaubert et Arsène Houssaye l'introduisent chez certaines dames de leur connaissance, Ludovic Halévy, un des librettistes d'Offenbach et coauteur de *La Belle Hélène* avec Henri de Meilhac, lui rapporte les potins sur les cocottes qui dînent chez Helder, se pavanent au Bois ou exhibent leurs chapeaux de plumes aux courses. Halévy lui fait aussi connaître Anna Judic, une vedette des Variétés, dont le caractère inspirera Zola pour décrire Rose Mignon, la rivale de Nana. Il l'emmène visiter la loge d'Hortense Schneider, là où débarqua, durant l'Exposition de 1867, le prince de Galles. A l'époque, « la Schneider » jouait *La Grande-Duchesse de Gérolstein*, d'Offenbach. Halévy raconte à l'écrivain l'étonnante rencontre entre ces deux personnages, cette soirée d'opérette où, au milieu des comédiens en uniforme de scène, l'actrice multiplia les grands gestes cérémonieux pour être digne de Son Altesse, laquelle but beaucoup de champagne et finit complètement éméchée en trinquant joyeusement avec le général « Boum ». Cette comédie de royauté en carton-pâte devant le prince héritier anglais amuse beaucoup Zola et constituera une des scènes de son roman.

En bon observateur naturaliste de la société, il écoute les anecdotes, ramasse toute la documentation possible, collectionne les photographies et les reproductions de portraits des lionnes. Et il en passe, des nuits blanches à la poursuite de ces créatures ! De ce travail naîtront une quarantaine de personnages décrits sur des fiches extrêmement détaillées et une soixantaine d'autres figures qui défileront au cours des épisodes, la plupart directement inspirés des personnages de son époque, le prince de Galles, Cora Pearl, Albert Millaud, Valtesse de la Bigne, Blanche d'Antigny... Déjà, il a défini le message de sa future œuvre : « Toute une société se ruant sur le cul. Une meute derrière une chienne qui n'est pas en chaleur et qui se moque des chiens qui la suivent. Le poème des désirs du mâle, le grand levier qui remue le monde. Il n'y a que le cul et la religion. »

C'est le roman de l'apocalypse par le sexe, la fornication finale qui pourrit le monde jusqu'à la mort. Nana « ne laisse que des ruines et des cadavres autour d'elle. Elle nettoie, elle liquéfie tout... Elle dissout tout ce qu'elle touche, elle est le ferment, la nudité, le cul qui amène la décomposition de notre société... Elle est la chair centrale [1] ». On nage dans le sordide pour défendre la morale... C'est du vrai Zola !

En bon bourgeois qui s'ignore, le contestataire insolent a révélé petit à petit son véritable caractère avec l'âge et la célébrité. Dès 1870, ses chroniques sont moins acerbes, plus « rangées ». Le journaliste débutant, ambitieux et

1. Henri Mitterand, préface de *Nana*, coll. Folio.

avide de reconnaissance, voulait choquer ses lecteurs, mais l'écrivain à la mode n'a plus besoin de tels artifices pour plaire. Or, Emile est terriblement puritain, même s'il emploie des mots crus. Il parle de cul, mais n'y touche guère.

A l'époque, l'écrivain habite au 23, rue de Boulogne (aujourd'hui rue Ballu) et part le plus souvent possible à Médan, « entre Poissy et Triel » pour surveiller le chantier de sa future maison. Il est très fier de s'être trouvé pour mille francs seulement « une cabane à lapins », une bicoque pour artiste jeune et révolté qui deviendra, au fil des ans et de la gloire, une propriété bourgeoise qu'il ne cessera d'agrandir. C'est ici, ou rue de Boulogne, que se réunit le « groupe de Médan », sa bande d'amis qui se retrouvent pour « les dîners du jeudi » à discuter des heures et à refaire le monde, dans le flou de la fumée de leurs cigares. Il y a là Maupassant, Paul Alexis, Léon Hennique, Henry Céard et J.-K. Huysmans. Ils soupent ensemble rue Coustou, à l'angle de la rue Puget, ou dans le bouchon du 51, rue Condorcet. Ils s'offrent un bon gueuleton, tentant de rivaliser avec Zola qui « à lui seul mange comme trois romanciers ordinaires ! », puis ils parlent, des heures et des heures, de la vie, de la mort, de tout et de rien.

Leur amitié est si forte qu'elle les unira dans un recueil de six nouvelles, signées de chacun d'entre eux : *Les Soirées de Médan*. Si le maître des lieux peut se lancer dans de longues diatribes lorsqu'il s'agit de revendications sociales, il a la langue moins bien pendue à propos des femmes ! Une ignorance que ne partagent pas ses amis, Maupassant en tête, grand amateur de jupons devant l'Eternel. On peut imaginer, avec quelques délicieuses et coquines pensées, l'ambiance qui règne à Médan quand ils éduquent le novice. Sans doute rient-ils beaucoup en échangeant leurs expériences, en racontant leurs coups de cœur et leurs plus jolies prises, en avouant l'argent et les désillusions qu'ils y ont laissés. Le plus intarissable sur le sujet, Maupassant, énumère ses nombreuses conquêtes et raconte avec son talent habituel l'atmosphère des cabarets où il chasse ses proies, comme cette sympathique table d'hôte de la rue des Martyrs où les clients embrassent la patronne sur la bouche en arrivant. Il connaît les meilleurs endroits et toute la gamme de celles qui les fréquentent, grandes courtisanes ou simples grisettes.

Paul Alexis, lui, traîne surtout du côté de Montmartre. Il dépeint une scène très émouvante, vécue il y a trois ans. Il déjeunait dans un troquet de la rue Germain-Pilon à côté d'une table de quatre filles qui s'entretenaient au sujet d'une de leurs amies atteinte de tuberculose. Elles employaient des images si crues, des mots si poignants qu'il en tira un roman, « La Fin de Lucie Pellegrin ».

Après cette soirée mémorable, Alexis s'était jeté à corps et à cœur perdus dans le monde des filles de joie grâce à la maquerelle Camille de Berlemont.

Et chacun, à sa façon, de se souvenir, de se rappeler des détails amusants et des situations cocasses. On fantasme sur les nuits où frissonnaient les dentelles décorant la chambre de Blanche d'Antigny. On s'émoustille sur les fameuses fossettes de Cora Pearl. La conversation est si passionnante qu'on y passerait la nuit !

Léon Hennique parle de la belle Nina de Callias qu'aima tant Verlaine et chez qui il passe de nombreuses soirées. Ces soirées chez la « célébrité salonnière, huppée et volage » seront racontés plus tard par sa fille [1]. Elle évoquera aussi notre jolie rousse : « Valtesse de la Bigne, d'égal niveau, récemment surélevé, venait en second lieu pour accueillir la fleur, le trop-plein, de cette jeunesse remuante. » Léon Hennique adore en effet, l'hiver, aller tous les quinze jours « blaguer » chez « Rayon d'or », la belle amie du peintre

1. Dans *Mon père, Léon Hennique*, éd. du Dauphin.

Gervex, dans sa demeure du boulevard Malesherbes. Zola tend l'oreille. Il a déjà entendu parler de cette Valtesse par Ludovic Halévy qui lui a cité ce joli mot : surprise par son amant « payeur » dans les bras d'un jeune homme qui n'avait manifestement pas le sou pour se l'offrir, elle s'était écriée : « J'ai eu tort, c'est vrai, mais je ne puis refuser ça à mes amis pauvres ! »

Ce trait d'esprit n'est pas pour déplaire à l'écrivain. D'autant plus qu'il cherche à décrire l'hôtel d'une cocotte. Or, cette amazone possède, paraît-il, une maison très particulière... Il flaire le personnage ! On lui raconte les rumeurs qui courent sur « la Sévigné des cabinets particuliers », tout ce mystère qu'elle fait régner autour d'elle, son passé de demoiselle de magasin qui a parfaitement mené sa carrière de courtisane, si riche, si dure et dont les hommes sont fous. On lui parle du livre qu'elle vient de publier sous le nom d'Ego, de son intelligence et de sa culture, de son goût pour les écrivains et les gens de lettres... Ah, décidément, il lui faut absolument la connaître ! C'est une parfaite femme fatale pour son œuvre tragique...

Zola réussit, grâce à son ami Léon, à rencontrer notre horizontale. Bien que ses ouvrages ne fassent pas partie de sa bibliothèque, Valtesse accepte la venue de ce jeune maître dont elle connaît les chroniques, courageuses et les prises de position critiques dans *La Tribune* envers son ancien amant Offenbach qui « fait reines de misérables danseuses de cordes qui gambadent sur les planches des théâtres comme des artistes de foire [1] ». Le naturaliste espère d'ailleurs « qu'aucun théâtre ne risquera à l'avenir deux ou trois cent mille francs pour montrer une petite chanteuse, toute nue, sifflotant une chanson de pie polissonne, au flamboiement des feux électriques [2] ».

1. In *La Tribune.*
2. Emile Zola, *Œuvres complètes.*

Ce jeune écrivain s'offusque que le théâtre soit le haut lieu de la prostitution et veut aujourd'hui mettre en scène les filles de joie ? Notre rousse au teint de lis est leur reine et se fera un plaisir d'aider ce peintre de son temps ! Elle accepte dans son immense bonté de lui ouvrir sa demeure et l'invite à dîner avec Gervex, Hennique et Dupray, en compagnie de ses amis Emile Strauss et l'avocat Lucien Jullemier. Une rencontre qui va faire couler beaucoup d'encre, car c'est une des rares courtisanes « à la mode » que Zola aura l'occasion de connaître. Il passe la soirée à regarder, observer, noter sur son carnet le moindre détail, posant toutes sortes de questions : « Quelle hauteur, Madame, a votre plafond ? » En sortant de table, Valtesse lui fait visiter sa somptueuse demeure mais, on l'a vu, lui refuse l'entrée de sa chambre. L'écrivain vexé part après le café sans demander son reste, pourtant, il ne se privera pas de décrire la chambre dans ses moindres détails.

Ce dîner va alimenter toutes sortes de rumeurs dans les salons parisiens, inspirer les journalistes et créer une brouille : ce goujat de Zola est venu pour une « fille », il a découvert une courtisane : « Il fut déçu par ce dîner. Cela se passa comme dans le monde, où il n'était jamais allé. Mme Valtesse bouscula toutes ses idées sur les cocottes, tant elle s'éloignait du type qu'il s'était créé. Il ne comprit rien à son charme, sa subtile complexité lui échappa [1]. »

Cette « comtesse » trop mondaine, trop charmeuse, l'effraie. Pourtant il a été subjugué par sa maison qui lui a permis de se « documenthumaniser tout à son aise et la description minutieuse de l'intérieur de Nana a été presque entièrement inspirée par l'aménagement de Mlle Valtesse [2] ».

Zola continue son enquête et tente de comprendre ce monde étrange de « la haute bicherie » pour lui inconnu et

1. Auriant, *Les Lionnes du Second Empire*, *op. cit.*
2. Jean de Montbel, article dans le *Don Fabrice* du 4 mai 1883.

vierge, s'il en est ! Enfin, le 20 août 1878, il attaque le premier chapitre. Il s'installe à Médan pour travailler, ne rentre à Paris que pour les répétitions de *L'Assommoir* dont la première se joue à l'Ambigu le 18 janvier 1879 ou pour quelques rendez-vous d'affaires. Des affaires qui marchent très bien : il vent la publication en feuilleton de *Nana* au *Voltaire* pour la somme rondelette de vingt mille francs et accorde des confidences soigneusement préparées pour attiser la curiosité qui commence à faire chuchoter les chroniqueurs parisiens. Les bruits les plus fous circulent. D'autant que le *Voltaire* a commencé une campagne de publicité gigantesque, comme on n'en a jamais vu pour la publication d'un livre. « Il y a autour de *Nana* une curiosité énorme, raconte son ami Céard. Ce nom est à l'infini sur tous les murs de Paris. Cela tourne à l'obsession et au cauchemar [1]. »

Après un été à Médan où il mène « une vie de chartreux » afin de « donner un bon coup de collier à *Nana* », Zola parvient non sans mal à boucler son travail pour la première quinzaine d'octobre. Le premier épisode est publié le 16 octobre 1879 et provoque « un beau vacarme ». Ce roman qui ne sera terminé qu'un an plus tard suscite déjà les réactions les plus violentes. Le Tout-Paris se sent trahi, épinglé par un paysan qui n'y connaît rien !

Dans *Le Figaro*, Chapron, qui encensait il y a encore deux mois le « Courbet de la littérature », s'insurge contre « cette pauvreté d'imagination. Jamais, sous prétexte de faire du naturalisme, on n'a poussé la convention plus loin. Le théâtre des Variétés que nous montre Zola n'existe que dans la fantaisie de quelques vieillards de Brive-la-Gaillarde, à qui un commis-voyageur en goguette l'a décrit en 1829 ».

Dans *L'Evénement*, Scholl n'est pas plus tendre : « Pour

1. Henri Mitterand, *op. cit.*

arriver à ce résultat merveilleux, il avait suffi à M. Zola de passer une heure dans les coulisses des Variétés et de dîner une fois chez Mlle Valtesse, la blonde fatiguée, dont le livre est tout un poème. C'est prodigieux, en effet, mais à la lecture de cette étude, on trouve que l'auteur n'a même pas tiré tout le parti désirable de son séjour d'une heure au foyer d'un théâtre et de son dîner chez l'ex-pensionnaire des Bouffes. »

Les critiques lui reprochent essentiellement d'avoir mal compris le personnage de Nana, d'en avoir fait une oie blanche mal élevée. Il faut reconnaître que l'écrivain n'a pas fait dans la demi-mesure ! Ses personnages frisent la caricature. Le romancier aura d'ailleurs les mêmes problèmes avec ses amis les impressionnistes à la parution de *L'Œuvre*, en 1886 : ils ne se reconnaîtront pas dans ses portraits d'artistes, l'épisode du peintre qui se suicide parce qu'il a raté sa toile notamment, fera grincer de rire Cézanne : « Nom de Dieu, comment peut-on oser dire qu'un peintre se tue parce qu'il a fait un mauvais tableau ? Quand un tableau n'est pas réalisé, on le fout au feu et on en recommence un autre ! » Il faudra attendre son courageux combat dans l'affaire Dreyfus et son célèbre « J'accuse » pour que Monet ou Renoir acceptent de le revoir.

Avec *Nana*, c'est le Paris galant qui se trouve ridiculisé. Ces messieurs sont décrits comme des minables, rampant dans le ruisseau pour obtenir le regard d'une fille, faisant la queue dans l'antichambre pour le plaisir d'être ruinés par une putain, incapables de se maîtriser, comme le montre le passage sur le théâtre des Variétés :

« Personne ne riait plus, les faces des hommes, sérieuses, se tendaient, avec le nez aminci, la bouche irritée et sans salive. (...) peu à peu, Nana avait pris possession du public, et maintenant chaque homme la subissait. Le rut qui montait d'elle, ainsi que d'une bête en folie, s'était répandu toujours davantage, emplissant la salle. (...) La salle entière vacillait, glissait à un vertige, lasse et excitée, prise de ces désirs ensommeillés de minuit, qui balbutient au fond des alcôves. Et Nana, en face de ce public pâmé, de ces quinze cents personnes entassées, noyées dans l'affaissement et le détraquement nerveux d'une fin de spectacle, restait victorieuse avec sa chair de marbre, son sexe assez fort pour détruire tout ce monde et n'en être pas entamé. »

Les courtisanes ne sont pas mieux loties, vulgaires, grossières, méchantes et jalouses, les muses n'ont pas l'habitude d'être traitées ainsi ! Et même Georges Ohnet, l'auteur du *Maître des Forges*, prend la défense de celles qui ont servi de modèle à Zola, Valtesse, mais aussi Cora Pearl, Léonide Leblanc ou Blanche d'Antigny :

« Il ne connaît pas le demi-monde, dont il parle, pas plus qu'il ne connaît le grand monde dont il a parlé. Il a pris des renseignements dans les loges des concierges ou auprès des maîtres d'hôtel qui passent les plateaux pendant la soirée. Il n'a jamais vu ce qu'il décrit, aussi il le décrit mal. Ce que Zola connaît bien, c'est la rue. Il l'a dépeinte en maître. Il en connaît tous les aspects. Il connaît bien aussi le peuple qui vit dehors, il l'a pris sur le vif quand il a décrit *L'Assommoir*, mais sa “ Nana ” est une caricature. Le romancier a fait injure aux courtisanes contemporaines, il les a calomniées. Elles sont scélérates, elles ne sont point stupides. Ce que ces demoiselles dépensent d'astuce, de savoir-vivre, de malice à édifier leur fortune galante, suffirait à un Premier ministre pour conduire le peuple le plus révolté qu'il y ait dans les deux mondes. »

Zola répond le 28 octobre, dans le *Voltaire* à « l'aplomb de ces messieurs qui veulent démontrer en quatre lignes que toutes mes observations sont fausses (...) il faut dire que je touche à un monde dont ces messieurs ont la prétention de connaître les mystères. Plusieurs d'entre eux s'en s'ont fait une spécialité. Ils clignent des yeux en gens entendus ; ils font comprendre qu'il y a une franc-maçonnerie, un argot, des habitudes chez les filles, qu'on ne peut pénétrer sans avoir laissé de sa fortune et de sa santé aux doigts ».

Malgré — ou à cause — des critiques, le livre paraît le 15 février 1880 chez l'éditeur Charpentier qui met en librairies 55 000 exemplaires d'un seul coup, ce qui ne s'est encore jamais vu. On en vend plus du double en six mois ! On ne parle que de ça, les caricaturistes inventent les dessins « nanaturalistes » ou « nanatomiques », les journalistes rivalisent de bons mots et de critiques acerbes, le gouvernement de Gambetta songe même à saisir *Nana* et les amis de Zola ne cachent pas leur joie et crient au génie.

Valtesse est, bien sûr, très déçue. Elle s'imaginait héroïne majestueuse et se retrouve vulgaire catin ! Elle lit son histoire, ou plutôt celle d'une bête sexuelle, stupide, ordurière qui « n'avait pas de talent pour deux liards, mais ça ne faisait rien, elle avait autre chose », une « grosse fille qui se tapait sur les cuisses, qui gloussait comme une poule », exaspérante, écœurante :

« Ne pouvant détourner les yeux, il [Muffat] la regardait fixement, il tâchait de s'emplir du dégoût de sa nudité (...). Il songeait à son ancienne horreur de la femme, au monstre de l'Ecriture, lubrique, sentant le fauve. Nana était toute velue, un duvet de rousse faisait de son corps un velours ; tandis que, dans sa croupe et ses cuisses de cavale, dans les renflements charnus creusés de plis profonds, qui donnaient au sexe le voile troublant de leur ombre, il y avait de la bête. C'était la bête d'or, inconsciente comme une force et dont l'odeur gâtait le monde. »

Au chapitre X, la comtesse de la Bigne peut lire la description exacte de son hôtel :

« Dans la cour, sous la grande marquise, un tapis montait le perron ; et c'était, dès le vestibule, une odeur de violette, un air tiède enfermé dans d'épaisses tentures. Un vitrail aux verres jaunes et roses, d'une pâleur blonde de chair, éclairant le large escalier. En bas, un nègre de bois sculpté tendait un plateau d'argent, plein de cartes de visites ; quatre femmes de marbre blanc, les seins nus, haussaient des lampadaires ; tandis que des bronzes et des cloisonnés chinois emplis de fleurs, des divans recouverts d'anciens tapis persans, des fauteuils aux vieilles tapisseries, meublaient le vestibule, garnissaient les paliers, faisaient au premier étage comme une antichambre, où traînaient toujours des pardessus et des chapeaux d'hommes. Les étoffes étouffaient les bruits, un recueillement tombait, on aurait cru entrer dans une chapelle traversée par un frisson dévot, et dont le silence, derrière les portes closes, gardait un mystère. »

Rayon d'or reconnaît le moindre détail, de la cour jusqu'au boudoir, son grand salon Louis-XVI, sa salle à manger « très haute, garnie de gobelins, avec une crédence monumentale, égayée de vieilles faïences et de merveilleuses pièces d'argenterie ancienne », son petit salon qui « offrait un pêle-mêle amusant d'un art exquis », ses tapis, ses vitraux, ses meubles, ses « fauteuils larges comme des lits et des canapés profonds comme des alcôves [qui] mettaient là une paresse molle, une vie somnolente de sérail ».

Zola n'a rien oublié, pas même son parfum à la violette ! Il s'est aussi inspiré de son surnom, puisqu'il appelle Nana « Mouche d'or ». Mais — ô horreur — Valtesse découvre « quelques traces de bêtise tendre et de splendeur criarde » et des détails inventés de très mauvais goût comme ces deux statuettes de biscuit représentant « une femme en chemise cherchant ses puces et une autre, absolument nue, marchant sur les mains, les jambes en l'air, qui suffisaient à salir le salon d'une tache de bêtise originelle ».

Elle est presque soulagée en lisant la description de son lit qui ne correspond pas trop à la réalité, ce « lit d'or et d'argent qui rayonnait avec l'éclat neuf de ses ciselures, un trône assez large pour que Nana pût y étendre la royauté de ses membres nus, un autel d'une richesse byzantine, digne de la toute-puissance de son sexe, et où elle l'étalait (...) dans une religieuse impudeur d'idole redoutée ».

Quant au dîner qu'elle a organisé pour lui, c'est devenu la pâle imitation d'une soirée du grand monde, avec de la vaisselle et des sièges loués — une erreur de savoir-vivre que n'aurait jamais commise Valtesse — les serveurs de chez Brébant et une ambiance de restaurant pour faire plus chic. Notre dégrafée est indignée, elle qui organise des soirées somptueuses que court le Tout-Paris fêtard ! Sous la plume de Zola, la réception est mortellement ennuyeuse, les filles mal fagotées et stupides : « Une chaleur montait des candélabres, des plats promenés, de la table entière où trente-huit personnes s'étouffaient. Et les garçons, s'oubliant, couraient sur le tapis, qui se tachait de graisse. Pourtant, le souper ne s'égayait guère. »

Nana est odieuse avec son « rire provocant de blonde grasse », et Valtesse furieuse même si elle ne se sent pas concernée par une telle vulgarité. Comme toujours, elle réagit en marquant son dédain pour cet écrivain qui manque de subtilité : « Ces romanciers, dit-elle à Harry Alis, autrefois, ils ne connaissaient que la courtisane déchue, avide de se régénérer... maintenant, c'est la femme inconsciente, belle et bête, comme un marbre, qui passe, ainsi qu'un fléau, détruisant, dissolvant tout... quelle naïveté ! »

Avec ses amis, Mme de la Bigne feuillette *Nana* dans son salon Louis-XVI, décrit dans le moindre détail, et rit de tant d'incohérences. Ce gentil Zola s'imagine donc que l'on peut devenir « une femme chic, rentière de la bêtise et de l'ordure des mâles, marquise des hauts trottoirs » en étant aussi stupide que Nana ? Il rêve ! Arsène Houssaye prend la défense de sa grande chérie : « Valtesse est spirituelle et c'est précisément le tort de M. Zola qui s'est servi d'elle pour créer le type de Nana, de n'avoir pas compris que pour triompher, il faut à une femme une certaine intelligence qui s'affine par des relations [1]. »

Sans doute pour s'éviter des ennuis, Zola nie s'être inspiré de Valtesse, lui préférant Blanche d'Antigny, morte cinq ans avant la parution de son roman, et qui ne risque plus de lui faire le moindre reproche. En réalité, il s'est servi de plusieurs modèles. Blanche d'Antigny, pour sa beauté blonde et plantureuse « représentant l'apothéose de la matière », pour son tempérament dépensier et sa joie de vivre, pour sa fin tragique et ses ennuis d'argent. Mais Blanche a eu une enfance trop heureuse, chérie par sa mère, éduquée au couvent des Oiseaux. C'est celle de Valtesse qu'il préfère. Il la choisit aussi pour sa forte personnalité et pour son hôtel particulier. Aucune courtisane n'aurait suffi pour composer la Nana qu'il a voulu comme une idole vivante, la déesse du sexe, un personnage qui fera écrire à Flaubert, quelques années plus tard, « c'est un livre énorme, mon bon ! Nana tourne au mythe sans cesser d'être une femme ».

Et c'est bien ce qu'on lui reproche ! Qu'elle soit un être imaginaire, une création romantique mais irréaliste, « la courtisane de ses rêves, écrit Paul Arène, sorte de monstre blond, vraie bête de l'Apocalypse, mangeant l'or et suant la mort ».

Les critiques s'amusent beaucoup de ce duel entre l'écrivain trop provincial et la courtisane trop parisienne. Quand on apprend que *Nana* va se jouer au théâtre, François Oswald se fait un malin plaisir d'écrire dans *Le Gaulois* que « M. Chabrillat vient d'engager Mlle Valtesse pour créer un rôle important de belle petite dans *Nana* ». Rayon d'or sourit à la plaisanterie mais s'inquiète surtout

1. Dans *Panurge*, 1882.

d'être invitée à la première, qui promet d'être une soirée fameuse.

Après le dîner où elle lui a refusé l'entrée de sa chambre, ses rapports avec Zola sont devenus si distants que Valtesse doit recourir à l'amitié de Léon Hennique. L'avant-veille du 24 janvier 1881, jour de la présentation de *Nana* au théâtre de l'Ambigu, avec Léontine Massin dans le rôle principal, Zola trouve un billet chez lui :

« Mon cher ami, je reçois à la minute un mot de Valtesse qui, n'osant s'adresser à vous, s'adresse à moi et me prie de vous demander deux fauteuils, premiers rangs, première galerie pour la première de *Nana*. Pouvez-vous les lui accorder, à cette excellente... fille ? Un mot, je vous prie, pour m'acquitter vis-à-vis d'elle. Bien à vous. »

La courtisane reçoit le lendemain deux invitations pour cette soirée où se retrouve tout le Paris mondain et coquin, soirée narrée avec ennui par les frères Goncourt [1] :

« Le théâtre naturaliste n'a trouvé encore dans cette pièce, en fait de naturalisme, que de la véritable eau dans un ruisseau de zinc et un chant de rossignol sortant d'une boîte à musique de 400 francs. (...) La toile tombe dans les applaudissements (...) Et tout le monde, femmes et hommes naturalistes se mettent en marche pour aller chez Brébant, où l'on soupe jusqu'à quatre heures du matin, en un de ces soupers de première que les lassitudes des journées précédentes, l'émotion du jour, la préoccupation du lendemain rendent si ternes, si gris, si pauvres d'entrain et de bonne gaieté. Dans ce souper, il y a eu un mot typique de Zola. Chabrillat, qui soupait avec les acteurs, étant venu faire une petite visite à notre table, a été accueilli en entrant par ce mot de Zola : " Avons-nous sauvé la caisse ? "»

L'écrivain va en effet remplir le tiroir-caisse, même si l'œuvre n'enthousiasme guère. Quant à Valtesse, elle

1. *Journal* des Goncourt, 29 janvier 1881.

revient de cette première très déçue : Nana lui semble encore plus stupide que dans le roman. Et elle sourit quand, aux courses, l'héroïne se fait expulser de l'enceinte du pesage. La comtesse de la Bigne, elle, y pénètre au bras du prince de Sagan, et on s'incline devant eux ! Pauvre Zola qui ne comprend décidément rien aux femmes...

12

Une vie de dégrafée

Pourtant *Nana* profite à tout le monde : le romancier bat des records avec 135 000 exemplaires vendus, devient riche et célèbre, et notre amazone fait encore parler d'elle. Sa réputation n'en resplendit que plus ! Elle est une des courtisanes les plus adulées de Paris, on se presse le lundi après-midi dans son salon du boulevard Malesherbes où l'on vient avec sa maîtresse mais surtout pas sa femme et on intrigue pour se faire inviter dans une des grandes fêtes qu'elle organise, avec sa petite cour, chaque été dans sa villa « Rayon d'or » de Ville-d'Avray.

Celle qui multiplie les surnoms : Maltesse, Altesse de la Ligne ou de la Vigne, Lucie ou Rayon d'or, que l'on dit des « plus jolies, les plus célèbres, les plus aimées », est toujours accompagnée d'une tendre amie, pas trop jolie pour éviter la concurrence et brune afin de mettre en valeur sa chevelure rousse. Elles s'appellent Gabrielle Dupuy ou Léontine Miroy et semblent beaucoup s'amuser quand Valtesse leur raconte à l'oreille les petites histoires du grand monde avec « son bagout infernal, ses cheveux rutilants, son teint éblouissant et le charme de ce bonjour étonné qu'elle avait en vous rencontrant et qui donnait à l'ensemble de la figure un air naïf et un peu énigmatique [1] ».

1. Auriant, *Les Lionnes du Second Empire, op. cit.*

Valtesse est aussi fascinante par son aplomb, son originalité et son insolence. Alors que les autres se « couvrent » derrière l'étiquette de comédienne ou de poétesse, elle clame haut et fort son métier d'horizontale. Un jour, à la frontière italienne, on lui demande sa profession, elle répond : « Courtisane ! Et rappelez-vous-le, pour le dire à ce monsieur qui me suit et me paraît insuffisamment renseigné. »

Car côté travail, tout fonctionne dans les règles. Madame reçoit toujours ses clients en chambre et sait comme toutes les vraies professionnelles les laisser partir avec l'impression qu'ils ont été de merveilleux amants. Rien de mieux pour rendre l'homme généreux. Parfois, elle s'offre un extra et part « à la rigolade », une de ces soirées en compagnie d'hommes richissimes qu'il suffit de faire rire puisque le sexe ne les excite même plus. C'est un des talents des courtisanes, leur gaieté et leur entrain qui diffèrent du manque de fantaisie des femmes du monde. Cora Pearl est connue pour ses extravagances et Marguerite Bellanger surnommée « Margot la rigolarde ».

La « Sévigné des cabinets particuliers » est aussi réputée pour son ironie mordante qui lui permet de mieux dominer ses clients, de les ruiner dans la joie. Elle gère son métier d'une main de fer, avec une organisation parfaite, dirigée par sa fidèle Meldola qui a appris la technique à l'époque des lorettes. Cette dernière reçoit les « clients », les fait patienter dans l'antichambre, « entend merveilleusement le passe-passe des amours. Elle a le génie du corridor et de la double issue. Elle est l'huissier de la galanterie, elle est le régisseur des allées et venues » rapportent les Goncourt.

Car la plus grande difficulté que la soubrette doit maîtriser est d'éviter les rencontres inopportunes. Tout est minuté, réglé à la seconde près, sans l'ombre d'un sentiment. Si l'entrevue dure de cinq à six heures, à six heures précises : « Allez ouste, il faut partir ! » dit Valtesse sans ménagement au client qui réclame un baiser supplémentaire. Pour éviter les imprévus désagréables, on l'a vu, il a été prévu dans la construction de l'hôtel particulier du boulevard Malesherbes un escalier dérobé en colimaçon qui permet de quitter la chambre discrètement sans passer par l'entrée principale. Le cas se présente rarement, car Meldola veille :

« Chez la virtuose de la galanterie, pas de rencontre mal à propos en dehors des heures où elle reçoit officiellement dans son salon. C'est un service qui, chez elle, s'élève à la hauteur d'une science exacte auquel elle a dressé une camériste de confiance. Si adroite, si expérimentée, si sûre de son coup d'œil et d'elle-même qu'on l'a surnommée " l'aiguilleuse " [1]. »

C'est aussi Meldola qui dirige le personnel, surveille le travail dans les moindres détails, car Madame est très exigeante et veille à la bonne tenue de la maison. Si elle enregistre « les sorties », c'est Valtesse elle-même qui gère « les entrées ». La comtesse tient la gestion de son fonds de commerce d'une façon très précise, en inscrivant sur un tableau chaque client avec la date de sa venue, la somme encaissée et les remarques, situation de fortune et de famille, capacité amoureuse, goûts particuliers... Certains messieurs bénéficient tout de même de quelques bontés, comme ce vieux fidèle qu'elle reçoit le dimanche à deux heures pour une demi-heure « d'illusion » à simplement... deux louis !

Mais Rayon d'or aime aussi se distraire, aller folâtrer avec de jeunes officiers à Saint-Cloud ou s'émoustiller en partie fine aux Réservoirs à Versailles... Elle apprécie enfin quelques jeunes amants désargentés, le plus souvent militaires, si beaux dans leur uniforme, ces « petites douceurs »

1. Zed, *Les Parisiennes au point de vue de l'amour.*

dont parle Colette dans son roman *Chéri*. Ses « béguins » sont généralement blonds et minces, vigoureux et spirituels. C'est Marion Delorme qui a inventé le principe au XVIIe siècle : « J'ai mes pauvres », disait-elle, et c'est devenu une habitude bien agréable chez les courtisanes. Elles aiment retourner à la Closerie des Lilas ou au bal Bullier pour y retrouver l'ambiance de leur jeunesse et le proverbe dit : « Toute lorette de haut parage tient à avoir son étudiant. » Blanche d'Antigny expliquait même ses toquades de façon précise :

« Pilatelle parce qu'il a de beaux yeux

« Hervé parce qu'il a du talent

« Luce pour son air distingué...

« X, Y, Z, parce qu'ils me l'ont demandé. »

Ninon de Lenclos, qui ne gardait jamais ses amants plus de trois mois par principe, les classait en « payeurs, martyrs et favoris ». Le fantasme est tel qu'elles sont parfois prêtes à payer, comme le raconte Pierre Louÿs : « Chrisys suivait alors toujours le même chemin direct vers une petite porte rouge. Et là, elle oubliait ses amants ordinaires dans l'étreinte infatigable d'un jeune ânier aux longs muscles qu'elle avait la joie de payer à son tour. »

Mais la plupart du temps, ces amours sont gratuites et même Valtesse, la reine du Mal, la belle au cœur de pierre, prend un air sucré pour parler de ses « amis pauvres ». D'autres clients ont droit aux mêmes faveurs mais pour une autre raison. Sur son livre de comptes, elle inscrit en face de certains noms la lettre R qui signifie Réclame et désigne les journalistes, chroniqueurs ou hommes d'influence qui peuvent servir à son image de marque et qu'elle reçoit « à l'œil ». Le journaliste et fidèle ami Richard O'Monroy fait partie de ces privilégiés, ainsi que Félicien Champsaur qui ne sait comment récompenser sa belle en retour, lui écrivant des poèmes enflammés et les plus beaux compliments :

Portrait de Valtesse par Henri Gervex, une toile célèbre à l'étranger car emblématique de la fin du XIXe siècle français. *(Musée d'Orsay.)*

Un aperçu de la coquetterie et des nombreux chapeaux de la belle rousse qui se fait souvent photographier. *(Bibliothèque municipale de Paris.)*

Les amants de l'« Union des peintres » :
Ci-dessus : Édouard Detaille (1848-1912), peintre militaire « au petit poil », en 1879. *(Coll. Association des Amis d'Édouard Detaille.)*
Ci-dessous : Henri Gervex dans son atelier à l'époque de leur rencontre. *(Coll. part.)*

Superbe lit de Valtesse, qui a fait fantasmer les foules, un des rares témoignages de la courtisanerie de l'époque. *(Jaulmes / Musée des Arts décoratifs.)*

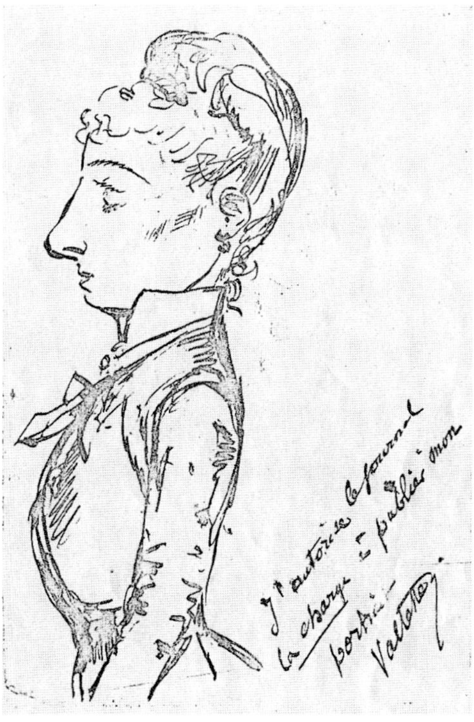

Portait par Manet qui a inspiré une caricature, accompagnée de l'autorisation de publication signée par Valtesse. Le col masculin est signe d'homosexualité.

Élévations du fameux hôtel de la courtisane, décoré dans le « Valtesstyle ».

La « villa des Aigles », à Monaco, où l'horizontale organise de grandes fêtes.

Le château de Ville-d'Avray. *(L. Maisant.)*

Dans la galerie de faux ancêtres peints par Édouard Detaille pour flatter Valtesse, Gace de la Bigne est le seul qui soit authentique. *(Gamma / Pasery.)*

L'étonnante tombe de Ville-d'Avray où reposent Valtesse et ses deux mystérieux compagnons. *(Gamma / Pasery.)*

Me prendras-tu sommeil... je ne puis... et ne veux dormir
Blonde d'or-roux mon souvenir qui crie
La revoir, ce matin et troublantes féeries
Dans ma nuit sans baisers rayonnent
ses cheveux conquérants
Mienne, le rouge d'or jamais le sera-t-elle[1] ?

Leur amitié est réelle puisque Félicien fera partie des heureux élus qui figureront sur le testament de Valtesse et que tous ses ouvrages sont en bonne place dans sa bibliothèque du boulevard Malesherbes.

Quant à Arsène Houssaye, journaliste adulé, chouchou de Napoléon III devenu le chéri du Tout-Paris, il ne tarit pas d'éloges sur « la Sévigné des cabinets particuliers » dont la culture littéraire l'épate. Il passe souvent boulevard Malesherbes lui conter quelques potins en buvant un verre de sherry et la décrit comme la plus jolie de son temps, parmi ces « Parisiennes d'amour » dont il trace le portrait pour le journal *Panurge* : « Dans la galerie des jolies et galantes femmes du XIXe siècle, Valtesse de la Bigne est une des plus ravissantes, des plus délicieuses, des plus ingénues, des plus vicieuses, des plus gentilles, des plus câlines, des plus brutales, des plus ensorcelantes, des plus adorables. »

Généreuse avec ses amis, Valtesse sait l'être aussi avec le petit personnel (qu'elle n'oubliera pas dans son testament). Sous les ordres de Meldola, elle a de nombreux domestiques, une cuisinière et une femme de chambre, le jeune cocher Dubruel, beau garçon élégant et raffiné, et son valet de pied Schwab. Elle les paie très correctement mais reste impitoyable sur la qualité du travail. Et ses visites chez les fournisseurs en ont marqué plus d'un ! Quand elle se rend, par exemple, chez son décorateur, Auguste Geliaume, au

1. Félicien Champsaur, « Désirs de nuit », dans *La Belle aux cheveux d'or.*

24-26 de la rue Cardinet, c'est toute une histoire... C'est généralement vers 17 heures qu'elle passe le voir. Quand il entend les pas des chevaux de Valtesse sur les pavés de bois, Geliaume jette son melon et sa blouse à la hâte pour enfiler sa belle lavallière blanche, son pantalon rayé et son haut-de-forme, afin de recevoir Madame dignement. Car une visite de la célèbre horizontale est tout un cérémonial !

Toutes les petites gens sortent dans la rue pour admirer le spectacle de cette comtesse dans son landau somptueux, avec ses roues gainées de caoutchouc, presque silencieuses, le summum de la modernité, que l'on ne trouve pas encore en France et qu'elle a fait venir d'Allemagne. Le cocher porte une livrée bleu, courte veste à deux pans doublée de rouge, avec le gilet et la culotte blanche, des bottes noires vernies à revers de cuir chamois et un haut-de-forme à cocarde. A l'arrière, le valet, dans la même tenue, se tient très droit, les mains croisées sur la poitrine. Sur les portières, un V et un B sont gravés d'or, tandis que de chaque côté se tiennent des lévriers blancs et noirs, dressés pour maintenir la même allure que les deux chevaux blancs. L'attelage s'immobilise devant la porte. Sous l'ombrelle doublée de bleu qui protège sa peau laiteuse du soleil, Valtesse attend, imperturbable, dans sa robe de dentelle, ses bras recouverts d'immenses gants brodés et ses longs cheveux roux cachés dans un grand chapeau en voile. Le cocher descend pour prévenir Geliaume de l'arrivée de Mme de la Bigne, tandis qu'un ouvrier monte quatre à quatre les escaliers en criant :

« Monsieur, Monsieur ! C'est le porte-queue de l'Altesse de la Pine ! »

Les entrevues avec Valtesse sont parfois orageuses. Exigeante et difficile, elle fait souvent des caprices, comme le jour où elle s'exaspère sur la couleur d'un tapis rouge :

« Ce n'est absolument pas la teinte que j'ai demandée, lance-t-elle en jetant sur le tapis un énorme rubis. Vous voyez, les deux couleurs ne vont pas du tout ensemble, c'est insupportable ! »

Catastrophé, Geliaume lui explique qu'il va falloir renvoyer ce tapis dans le Nord, par une tapissière, ces voitures spécialisées dans le transport de ce type de matériel, qu'il faut louer chez Chenue. Sans compter deux hommes pour la conduire, tout cela va coûter horriblement cher, c'est affreux... Marie, la femme d'Auguste, vole au secours de son mari :

« Madame a vu juste, Madame a bon goût, Madame sera satisfaite, que Madame se rassure ! »

On roule le tapis, on l'entrepose dans un coin, puis dix mois plus tard, on le présente de nouveau à Valtesse qui le trouve sublime, parfait, ravissant et tellement en accord avec son rubis ! Les Geliaume ont l'habitude... Parmi leurs clients, les faux nobles sont nombreux et souvent plus odieux que les vrais !

Mais la courtisane garde la tête froide. Elle se souvient d'où elle vient et conserve un peu d'humilité, comme le raconte cette anecdote rapportée par un de ses fervents admirateurs, le docteur Besançon, « Médecin de bien des hétaïres, des huppés, des dorés sur tranche ».

Le docteur Besançon explique que « leur reine était Valtesse. Un camarade lui avait fait un bouquin. Elle était donc femme de lettres. Mais cette blonde grasse était surtout célèbre par son émaillage, ses perles et ses collections qu'elle a léguées à l'Etat. Un jour de Longchamp, dans la tribune des propriétaires : “ Ces filles ! dit la comtesse de G..., qu'est-ce qu'elles valent exactement ? Ont-elles seulement un bout de conversation ? Baron, vous devriez un jour nous en amener une. ” Un soir donc, trois membres du Jockey-Club vont au Café Anglais avec leurs femmes et le baron amène Valtesse. A la fin du dîner, tout le monde avait dit des horreurs, excepté Valtesse (...). Les hétaïres ont souvent du talent et Valtesse, comme on voit, avait de l'esprit. L'incompréhension du public attribue aux pallaques toutes les grossièretés et tous les vices. Or, cinq perruches ou cinq pimbêches autour d'une théière déchirent tout le monde à belles dents. Le visage rentré, la perfidie empêche les rayons ? Et cinq filles, la cigarette ou le tricot à la main, ne disent du mal de personne et se cotisent pour la camarade qui est à l'hôpital. Leurs mots sont parfois un peu gros, mais pour la gaieté gauloise, les plus gros sont les meilleurs. (...) Les hétaïres, sauf celles qui ont de l'esprit, ne sont pas plus justes ni plus tendres. On pendait la crémaillère chez une artiste des Variétés. Il y avait là une redoutable aventurière dont la fortune avait des origines assez obscures. On l'entendait dire : " Ces filles ! ces filles ! Est-il possible ! " Alors, Valtesse, de sa voix blanche : " Allons, Amélie, allons, ces messieurs et ces dames savent bien que sans un peu de chance nous serions toutes les deux sur le trottoir. " Si le respect ne m'avait retenu, j'aurais embrassé Valtesse [1] ! "»

1. Dr Besançon, *Le Visage de la femme*, éd. Terres latines.

13

Rencontre avec Gambetta

Loisirs et fournisseurs laissent du temps à Valtesse pour s'intéresser à la politique qui la passionne. Elle va d'ailleurs se lier à Gambetta et s'intéresser à la conquête du Tonkin. Et quand une courtisane se mêle de l'Etat, ces messieurs montent au créneau ! Pourtant le rôle des femmes est souvent manifeste et « l'influence des grandes courtisanes dans le jeu politique des hommes n'est plus à démontrer. Beaucoup, parmi ces filles de haute ou basse qualité, sont des inspiratrices secrètes de ce fantastique social dont les formes modernes sont innombrables », reconnaît Pierre Mac Orlan [1].

Bonapartiste convaincue et fidèle — ce qui lui vaut le désobligeant honneur d'être surveillée de près par la police —, Valtesse fait tirer chaque année, dans son jardin de Ville-d'Avray, un grand feu d'artifice pour l'anniversaire de Napoléon Ier, le 15 août. Or Gambetta est son voisin depuis peu. En 1879, il a acheté la maison de Balzac, dans les communs des Jardies, et a assisté lui aussi à ce débordement honteux, cet éclat de couleurs insolentes lancées dans des lieux républicains par la belle bonapartiste de la rue Pradier. Il n'ignore pas que pour fêter la majorité du prince

1. Pierre Mac Orlan, *Rues secrètes, op. cit.*

impérial, elle s'est offert un feu d'artifice qui a laissé un souvenir percutant chez les bonnes âmes républicaines de Seine-et-Oise. Cette fois, c'en était trop, on se plaignit aux autorités !

A la suite d'une interpellation à la Chambre, le maire de Ville-d'Avray prit un arrêté pour interdire les feux de Bengale et les explosions de joie de madame la comtesse. C'était ne pas connaître la belle, qui afficha le bel arrêté dans sa salle de billard afin de faire profiter ses amis de cette amusante plaisanterie. Et l'année suivante, elle s'empressa de faire éclater de nouveau son bonheur en couleurs. A ceux qui lui demandaient si elle ne craignait pas une action du maire, elle répondait qu'elle avait le droit d'exprimer ses opinions dans sa propriété privée et que la liberté était un des fondements de la république. Il n'est pas né celui qui intimidera la rousse au teint de lis !

Mais l'espoir s'est éteint en 1879, le prince impérial est mort au Natal, transpercé de coups de sagaies. C'est le drame. La belle essuie ses jolis yeux bleus dans quelques mouchoirs parfumés de violette tout en déchirant les articles calomnieux, car il aura eu droit à tout le jeune prince ! « Bébé s'en va-t-en guerre ! », « Le fils à Monsieur son Père part pour combattre, de loin, les Zoulous », avait-on pu lire lorsque la nouvelle de son départ pour l'Afrique avait été connue.

Certains murmuraient même qu'il était parti pour fuir la tyrannie de sa mère, une analyse injuste car Louis avait décidé, seul, de servir l'Angleterre et de « sentir la poudre », comme il l'écrivit afin de faire taire ces rumeurs misérables. Ce qui fera dire à l'Impératrice : « Ce ne sont pas les Zoulous qui l'ont tué, ce sont les journaux français. »

Consternation chez les bonapartistes : tout espoir de retour de l'Empire est définitivement perdu. C'en est fini des rêves de Valtesse. Le fils de Napoléon III n'est plus, emportant avec lui les gloires passées. Elle restera pourtant toujours fidèle à l'Impératrice :

« On se souvient de nous boulevard Saint-Germain, dit celle-ci, la comtesse de la Bigne m'a envoyé des fleurs ! »

Mais rien ne peut vaincre l'envie de vivre de Valtesse et elle songe bientôt, contre mauvaise fortune, à se rallier à l'ennemi. Puisque nous sommes sous la république, autant compter avec elle ! Pourquoi ne pas profiter de ce voisin qui tombe bien, ce Léon Gambetta ? Non pas que l'homme soit séduisant ! Ce défenseur de la démocratie a l'air d'un paysan, il est gros et rustre avec son cou épais, même s'il peut — à la rigueur — ressembler à un empereur romain de profil. Exemple parfait d'ascension sociale en cette fin de siècle, ce fils d'épicier génois installés à Cahors, après de brillantes études secondaires, est devenu avocat et grand défenseur des républicains.

Ses positions anticléricales amusent beaucoup Valtesse, même si sa hargne contre les monarchistes et les bonapartistes l'exaspère. L'idée de conquérir cet orateur populaire redonne le sourire à notre Rayon d'or. Le prétexte est facile à trouver : faire un pèlerinage dans le jardin de l'auteur de *La Comédie humaine* qu'elle vénère tant. Elle fait atteler son cheval gris Néro à sa charrette en acajou et part à travers bois, avec son chien Detaille — charmante intention pour son amant, le peintre Edouard Detaille — et demande son chemin à un paysan :

« Dites-moi, monsieur Gambetta est chez lui en ce moment ?

— Oui-da, peut-être bien en ce moment.

— Il habite seul ?

— Seul... hé ! hé !

— En famille, alors ?

— Il n'y a que des cousines dans cette famille, et jamais les mêmes ! »

Le drôle est moqueur mais mal renseigné : il ne vient

aucune cousine chez Gambetta car la place est prise — et bien prise — par une dame voilée, sa grande et unique passion depuis une dizaine d'années, à qui il écrit des lettres fiévreuses : « ma chère petite femme adorée », « ma mignonne idéale », « ma chère âme adorée ». Elle s'appelle Léonie Léon, rêve de se faire passer une alliance au doigt et n'est pas du genre à supporter une rivale !

Notre viveuse, ignorant ce fâcheux détail, continue sa route vers Les Jardies. Le portail est grand ouvert, une lourde charrette emporte les pierres qui constituaient la maison de Balzac, son buste dans une niche à poêle attendant d'être transporté ailleurs, les arbres salis par les débris et le plâtre...

Planté au milieu de ce chantier, « un petit homme tout maculé, ventru, gris de cheveux et de costume, un binocle à cheval sur le nez [Gambetta avait un œil de verre], les mains appuyées sur un bâton. C'était Gambetta le Grand, l'ami de Coquelin, qui avait dit un jour : “ C'est là que je planterai mes choux ” et qui a réalisé son rêve ».

Malgré ce spectacle peu excitant, Valtesse prend sa voix la plus douce pour lui demander la permission de visiter la maison de Balzac.

« Pourquoi ? lui répond Léon en grognant. Nnnnon... Nnnnon ! »

L'ours mal léché se fiche pas mal de cette jolie rousse. Fou amoureux, il ne pense qu'au petit nid douillet qu'il va aménager pour sa dulcinée — qui sera bientôt sa femme. Il lui écrit presque chaque jour :

« Je sens au fond de mon âme avec une confiance grandissante que nos deux existences se confondront de plus en plus étroitement et que nous touchons au moment béni où tu prononceras le mot sacramentel et décisif. Oh ! mignonne, cœur chéri, quel heureux tu peux faire d'un mot, d'un seul geste. Quand “ peut-être ” deviendra certitude [1]... »

1. Auriant, *Les Lionnes du Second Empire*, *op. cit.*

Valtesse repart en lui lançant un de ses sourires ensorceleurs. Cet affront venant de Gambetta ne l'afflige pas. Rien ni personne ne lui résiste : ce républicain finira par la recevoir, elle se le promet ! L'occasion vient plus vite qu'on ne l'attendait, avec l'affaire du Tonkin.

Dans son roman autobiographique *Isola*, son amant Horace de Kerhouët part désespéré à la mort de sa bien-aimée. Dans la réalité, Horace se nomme Alexandre-Camille-Jules-Marie Le Jumeau de Kergaradec. Il n'est pas allé noyer son chagrin dans son manoir breton mais dans les mers de Chine. Ne supportant pas de partager l'amour de sa vie, il met les voiles le 16 mai 1875 pour Hanoi comme consul de France. Durant ces cinq années, les amants s'écrivent de longues lettres. Alexandre de Kergaradec raconte la vie lancinante, écrasée de soleil, le long du fleuve Rouge, les patrouilles des Pavillons noirs chinois et les gabelous qui pillent les voyageurs.

La courtisane lui répond par un véritable journal de potins, toutes ces mondanités parisiennes qu'il aimait tant, avec rubriques qui couche-avec-qui et qui-s'est-brouillé-avec-qui. Sous son bouddha, l'exilé se délecte de ces futilités aux odeurs de violette. Il se souvient des sourires aguicheurs des belles du bois de Boulogne ou de la brasserie des Martyrs ; tandis qu'elle s'initie aux coutumes de l'Annam et du Tonkin en lisant des histoires incroyables venues de l'autre bout du monde. D'autant qu'Alexandre est un homme élégant qui sait vivre et la couvre de cadeaux. Chacune de ses lettres est accompagnée d'une caisse remplie d'objets d'art qui la ravissent. Et qui vont s'accumuler dans les pièces déjà surchargées de sa maison. L'horizontale en reçoit tant et de si beaux qu'elle finit par leur consacrer sa serre tout entière. Juste à côté de son grand salon Louis-XVI, sous une verrière indo-chinoise, la pièce est remplie de merveilles qui provoquent l'admiration de ses amis, des brûle-parfums aux entrelacs de fleurs, des pipes à opium aux ciselures extraordinaires, des dragons de laque noire et or, de magnifiques soieries de Chine brodées d'oiseaux et de papillons... Mais surtout, son Breton d'Asie lui a offert une sublime pagode qui fait rêver le Tout-Paris. Quatre grands volets sculptés et laqués d'or abritent une sorte de sanctuaire dont le fronton et le premier étage sont couverts d'une frise avec des scènes de personnages et d'animaux au milieu de paysages sur fond d'or. Des parois tombent des panneaux décorés d'allégories et sur les différents étages sont posés des vases truités ou cloisonnés et des brûle-parfums. De chaque côté, les génies du rire et de la fortune, en bronze ancien, au centre, le Bouddha sur son trône d'or.

Ces œuvres d'art feront l'objet d'une magnifique vente à Drouot, lorsque Valtesse déménagera définitivement à Ville-d'Avray et se séparera de nombreux meubles. Quatre-vingt-quatre objets de Chine, du Japon et des Indes seront vendus à prix d'or, les autres la suivront, souvenirs de ces contrées lointaines qu'elle n'aura connues que de façon épistolaire. Et si cet amour exotique a rempli son hôtel et sa bourse, il lui a aussi permis de comprendre la politique du Tonkin. Car Alexandre de Kergaradec se plaint de l'attitude française.

Pour se consoler de leur défaite de 1870 et créer un empire susceptible d'enrichir le pays, les Français ont repris leur expansion coloniale en Indochine. Après la Cochinchine (1862) et le Cambodge (1867), ils se lancent à la conquête du Tonkin et de l'Annam dès 1873, avec la fameuse « politique des petits paquets », par petites touches, en saisissant toutes les occasions. Le premier prétexte arrive à point, en la personne de Dupuis, un commerçant marseillais qui va régulièrement augmenter sa douillette fortune en fournissant des armes aux vice-rois du sud de la Chine, aux prises avec la révolte des Taipings. Obligé de passer par le Tonkin, Dupuis se heurte à l'hostilité des autochtones : pillages, attaques, piratage et autres preuves de sympathie. Volant au secours de la France et du commerçant, le commandant Garnier arrive dans le Delta avec deux canonnières et 168 hommes pour prendre courageusement la citadelle d'Hanoi, défendue par 1500 méchants sauvages jaunes. Dupuis est à nouveau riche et heureux, la France savoure sa victoire mais Garnier n'a pas le temps d'être couvert de gloire, il est tué dans une embuscade.

L'année suivante, en 1874, on décide de signer un traité commercial et politique avec Tu Duc, l'empereur d'Annam. Mais, déjà embourbée dans un fonctionnariat poussiéreux, la France envoie un certain Bourrée, personnage sans brio qui n'a pas la moindre idée de l'Indochine. Tu Duc plisse ses yeux bridés de plaisir en voyant débarquer ce candide avec qui il signe un accord défavorable aux intérêts français, accord qu'il n'a, de toute façon, aucunement l'intention de respecter.

C'est dans ce contexte difficile qu'arrive le premier consul à Hanoi, Alexandre de Kergaradec. Il fuyait la civilisation et son amour perdu, il voulait changer de paysages et de vie, il peut être satisfait ! Sa seule consolation, ce sont ces lettres où il explique à Valtesse ses mésaventures, les attentats contre les commerçants, l'arrivée sur le fleuve Rouge des Taipings battus par les Chinois, les terribles Pavillons noirs qui tuent tous ceux qui ont la peau blanche et surtout, surtout, la position ridicule dans laquelle il se trouve !

Ce pauvre Bourrée est un imbécile, le gouvernement reste incapable d'étendre son protectorat à tout l'Annam et Alexandre se sent seul, incompris, loin de tout. Et, si Valtesse a le cœur bonapartiste, elle est avant tout française ! Quand on vit au milieu des toiles d'Edouard Detaille et d'Alphonse de Neuville glorifiant les conquêtes de notre grand pays, on ne peut supporter une telle situation.

Puisque certaines femmes du monde se targuent de patriotisme, une demi-mondaine peut aussi mériter le surnom de « grande Française », non ? Se souvenant de son premier échec auprès de Gambetta, elle décide de rappeler à ce défenseur de la république ses devoirs.

Pour une bonapartiste, l'occasion est trop belle ! D'autant qu'elle connaît maintenant de savoureuses anecdotes sur son voisin dont le cuisinier, Trompette, devient très bavard avec un petit verre de blanc. Elle sait qu'il a passé le mois de juin aux Jardies en compagnie de Léonie Léon, une « parente », et d'un petit garçon, un « neveu », elle a vu les bourgeois ricaner sur leur passage, se moquer de cette dame en robe rose, avec son petit chapeau ridicule. Elle a entendu parler de Mme Delessert qui a fait exprès de brûler des herbes près de leur maison pour agacer Gambetta, qui a fini par partir à la pêche, exaspéré. Valtesse adore ces potins, elle n'en ignore aucun. Séduire un homme aussi important lui semble maintenant un devoir d'Etat.

D'autant que — malgré ce qu'en disent les mauvaises langues — Léonie est ravissante, à en croire Léon Daudet. L'affaire est de plus en plus excitante !

14

L'affaire du Tonkin

Un beau matin d'août 1880, laissant de côté son papier à lettres orné d'un aigle couronné aux ailes déployées qui pourrait l'effrayer, « Rayon d'or » en choisit un plus discret pour lui adresser un petit mot :

« Monsieur le président,

« Je sollicite de vous un entretien. J'ai à m'adresser à Monsieur le président de la Chambre d'abord, à Monsieur Léon Gambetta ensuite. Recevez, Monsieur le Président, etc.

« Valtesse de la Bigne. »

Très intrigué par ces deux lignes pleines de sous-entendus, signées de la « belle petite » qui habite près de chez lui, Gambetta répond aussitôt et la convoque à son cabinet de Paris le 1er septembre. Le jour J, Valtesse fait flamboyer sa chevelure rousse sur une robe bleue et discrète qui n'effarouchera pas Léon, connu pour son mépris des femmes. L'austère républicain fanfaronne souvent devant ses amis en riant : « La première fois qu'une femme vient me voir, je la fais asseoir sur le canapé, la deuxième, je la fais mettre à la porte ! » Pour amadouer l'ennemi, qui l'accueille debout dans son grand salon officiel, Valtesse utilise tous ses charmes, s'excuse de sa toilette fripée par le voyage depuis Ville-d'Avray en caressant les plis de sa robe et prend sa voix la plus douce afin que Gambetta ne s'imagine pas en présence d'une nouvelle Charlotte Corday.

Elle parle. Beaucoup. Posément, brillamment, elle lui explique la situation d'Alexandre de Kergaradec et lui expose les problèmes du Tonkin. Elle lui avoue avoir eu l'idée d'aider un homme d'Etat aussi intelligent et audacieux que lui à étendre le protectorat français — par simple souci de paix bien sûr et non par un vil esprit de conquête — sur les quelque vingt-cinq provinces et 500 000 kilomètres carrés de l'Annam et du Tonkin, dont les profondeurs inexploitées cachent des trésors d'étain, de plomb, de charbon et de zinc. Le discours est parfait, l'intention excellente et la femme ravissante...

Gambetta écoute, fasciné par cette tigresse rousse dont la langue châtiée laisse deviner une étonnante virilité et une rare fermeté. D'autant qu'elle lui apprend des choses que tous ignorent, à l'exception de quelques sinologues : des noms bizarres, des dates historiques, les préceptes de Confucius et les coups bas de Tu Duc. L'homme d'Etat n'en revient pas, cette Valtesse aurait fait une bien belle République ! Dompté, il rentre ses griffes pour faire patte de velours. D'un sourire enchanté, il la remercie de ces renseignements passionnants et lui demande d'en faire un rapport pour qu'il puisse étudier la question. Après quelques banalités d'usage, il la salue en tant que voisine dont il a si souvent entendu parler. La comtesse de la Bigne lui répond par un regard gourmand, pose sa ravissante main dans la sienne et s'en va avec sa démarche hautaine, tête en arrière, seins en avant !

Aussitôt arrivée dans sa villa, Rayon d'or se met au travail et, quelques jours plus tard, elle fait parvenir à Gambetta un document important. Sans chinoiseries, elle rentre dans le vif du sujet :

« Le roi Tu Duc exerce un pouvoir absolu sur toute cette population. Le commerce et l'industrie étant à peu près nuls, ce n'est que par les emplois qu'on peut s'enrichir. Or les emplois, par raison de conquête, sont plus particulièrement confiés aux Annamites, d'où rancune des Tonkinois qui désireraient que par un moyen quelconque, l'occupation ou le protectorat, les faveurs fussent distribuées également. Grâce à la polygamie (les princes ont 10, jusqu'à 30 femmes) on compte plus d'un million de rejetons de souche royale, élevés et entretenus aux frais de l'Etat. Ils ne peuvent être fonctionnaires, l'esprit défiant du roi les tient à l'écart. Ils s'en consolent en vivant dans une honteuse paresse, fumant l'opium, jouant et volant (...).

« Les forces militaires de l'Annam se résument à quelques escadrons de cavalerie ridiculement exercés, pitoyablement armés de pistolets du siècle dernier ou de lances et javelots (...) mais la grande étendue de terrains, le manque de chemins et de moyens de transports entraveraient considérablement une action militaire. (...) Au lieu d'une possession du sol qui entraînerait pour nous un gros surcroît de charges, nous retirerions plus d'avantages avec le protectorat. Nos nationaux pourraient s'établir, trafiquer, civiliser partout, leur sécurité serait assurée. Pour mener à bien les choses, il faudrait s'appuyer sur le roi Tu Duc, qui est avide et vaniteux, le mettre en défiance contre la Chine et l'Espagne (à tort, on a laissé s'implanter des missionnaires espagnols), s'il était possible provoquer de la part des Chinois au Yunnan une tentative d'action sur le Tonkin, offrir l'abri du pavillon français et imposer le protectorat. »

Gambetta, ravi de cette subtile machination, lui répond, le 14 septembre 1880 :

« Madame,

« Je vous remercie et je vous suis très reconnaissant de la communication que vous avez bien voulu me faire. Je la trouve excellente de forme et de fond et vous devriez bien la publier, si vous ne préférez pas que je la fasse publier moi-même. Je compte sur votre bonne promesse au retour de la personne bien renseignée et je la recevrai avec bien du plaisir. Avec mes remerciements...

« Léon Gambetta. »

Valtesse est très flattée des compliments de Gambetta mais, fine mouche, se garde bien de suivre son conseil. En publiant son mémoire et en dévoilant ses plans, elle attiserait la curiosité de la Chine qui ne manquerait pas d'avertir Tu Duc et ferait échouer le projet. Et puis en France, le Tonkin suscite trop de convoitises et de luttes d'influence, les militaires toujours avides d'expansion coloniale, les milieux d'affaires qui veulent être protégés dans ce pays plein de promesses alléchantes, les banques, les soieries lyonnaises, les vendeurs d'armes de Marseille, les compagnies minières, sans compter l'Eglise qui voudrait bien convertir quelques pécheurs au passage. Des groupes de pression se sont créés, un Comité de l'Asie française, une Union coloniale fondée par les syndicats des banques, des transports et du commerce, ou le Groupe colonial d'Eugène Etienne, député d'Oran, qui réunit une centaine de députés de tous les partis, dont Félix Faure, ami de Gambetta et négociant du Havre, qui deviendra sous-secrétaire d'Etat au Commerce et aux Colonies en 1883. Eugène Etienne va jouer un rôle important dans la politique française, prônant la constitution de grandes aires géopolitiques et culturelles qui seraient sous influence française.

Le Tonkin n'est décidément pas une affaire de femmes ! Que ferait-elle, pauvre Valtesse, avec son ex-amant consul de France, entre tous ces hommes dont les plus grands intérêts sont en jeu ? Chacun veut maîtriser la situation, à sa façon. D'ailleurs, Dupuis, le marchand qui a provoqué la prise d'Hanoi et qui a été ruiné par ce traité ridicule de 1874, est revenu en France où il tente de faire intervenir les politiques. Sans succès : « Les députés sont chers ! » se plaint-il.

Non, décidément, la comtesse doit agir avec doigté. Elle fait seulement — et secrètement — composer cinq exemplaires de son mémoire à l'imprimerie du *Figaro* et en envoie un à Gambetta en lui recommandant la plus grande discrétion. Ce que la France attend de lui, c'est une grande action, courageuse et glorieuse ! La finaude avait raison de se méfier : quelques jours plus tard, Zola publie dans *Le Figaro* une déclaration violente contre l'homme d'Etat qui joue les Romains et se voit « couronné de roses, un manteau de pourpre aux épaules, buvant des vins sucrés en compagnie de Phryné et d'Aspasie ».

Zola a-t-il bénéficié de quelques indiscrétions, par leurs amis communs, sur la rencontre entre Gambetta et Valtesse ? Cite-t-il par hasard ces deux courtisanes qui fascinent les peintres de son temps, ou fait-il une allusion directe à la jolie rousse qui touche maintenant à la politique de sa main gantée de dentelles ? Aspasie était une ancienne prostituée devenue la favorite et l'inspiratrice de Périclès. Mais c'est surtout Phryné qui jette le trouble : hétaïre réputée pour sa peau blanche — comme Valtesse —, mystérieuse dans sa maison magnifique où les Athéniens rêvaient d'être invités — comme Valtesse —, elle était si belle qu'elle inspira les chefs-d'œuvre de Praxitèle et donna son visage à Aphrodite. Quand elle fut accusée d'impiété devant le tribunal des héliastes, par Euthias, un soupirant éconduit, son avocat, Hypéride, n'eut qu'un geste pour la sauver de la mort : il lui retira sa tunique et demanda si l'on pouvait tuer la beauté personnifiée, celle qui ressemblait à l'Aphrodite de Cnide. Les juges, très émus par ce ravissant spectacle, l'acquittèrent. Image suprême de la réussite galante...

Le républicain pur et dur aurait-il été séduit par la belle bonapartiste ? Si sous-entendu subtil il y a, l'attaque contre Gambetta lui-même éclate de façon plus féroce sous la plume de Zola :

« Ce ne sont pas des actes qui l'ont fait, ce sont des phrases. Il a abattu ses adversaires avec des phrases. (...) S'agit-il pour lui de faire un pas en avant ? Il parle ! S'agit-il de conjurer un péril ? Il parle ! S'agit-il de faire sentir son autorité ? Il parle ! Il parle encore, il parle sans cesse et partout. C'est son arme d'ambitieux, comme l'arme de Bonaparte était l'épée. Nous assistons à la conquête de la France par la parole, après avoir souffert et sangloté de la conquête par l'épée. (...) Les peuples sont prêts, M. Gambetta n'a plus qu'à avoir du génie. »

Gambetta a bien compris le message. Il prouvera qu'il sait aussi agir en contribuant à offrir à la France... le Tonkin, qui représente, selon ses propres mots, « le véritable avenir de la France ». L'orateur est en effet le premier homme d'Etat français à s'intéresser à l'Indochine ; il saura surtout convaincre son successeur, Jules Ferry, de la pertinence de ce choix colonial contre l'opinion du temps, plus soucieuse de revanche contre la Prusse. Début 1882, le commandant Rivière part dans le Delta pour faire exécuter le traité de 1874, reprend Hanoi mais perd sa tête : pris par les Pavillons noirs, il sera décapité en mai 1883. L'amiral Courbet hisse aussitôt les voiles et fait plier Hué, la capitale de Tu Duc...

Dans le triomphe de Valtesse, on aimerait savoir la part des relations particulières qu'elle a nouées avec Gambetta. La question sera d'autant plus intéressante que le chantre de la République meurt, à quarante-quatre ans, dans de curieuses circonstances. La courtisane n'y est peut être pas étrangère... Le 29 novembre 1882, alors que le commandant Rivière vient juste de s'emparer de la citadelle d'Hanoi, l'agence Havas envoie aux journaux une note :

« M. Gambetta, en maniant ce matin un revolver, s'est légèrement blessé à la main. La balle n'a fait que traverser les chairs et la blessure ne présente aucune gravité. »

On apprend ensuite que cinq médecins ont été appelés au chevet du blessé, dont son ami Charcot, ainsi que Lannelongue, le meilleur chirurgien sur la place de Paris. L'histoire semble louche, on commence à entendre des rumeurs de crime passionnel et, le 3 décembre, Rochefort s'étonne dans *L'Intransigeant*.

« Il suffit d'ordinaire que la rumeur publique s'émeuve d'un coup d'arme à feu tiré dans une maison, pour que le devoir de la justice soit de faire une enquête afin de vérifier si l'on se trouve en présence d'un crime ou d'un accident... Ici rien de pareil. La justice s'arrête au seuil de la maison de Ville-d'Avray. M. Gambetta ne veut pas qu'il y ait enquête, il n'y en aura pas... Nous comprenons parfaitement que le blessé tienne à ne pas se voir obligé de déposer devant un juge d'instruction, ce qui pourrait mettre le public au courant d'affaires intimes que personne n'aime à révéler. Si ce n'est pas M. Gambetta, c'est la société qui exige une enquête... Les confidents de M. Gambetta soutiennent que leur patron est allé à Ville-d'Avray, par une froide et pluvieuse journée de novembre, uniquement pour nettoyer son revolver et que c'est pendant le nettoyage que le malheur est arrivé. Des gens qui se croient bien informés affirment, au contraire, que celui qui devait être " nettoyé ", c'était M. Gambetta et qu'il a eu affaire à une " Feyghine à rebours ". »

Rochefort exige une déclaration sous la foi du serment, mais Gambetta ne parlera pas. Il meurt le 31 décembre 1882. Emportant avec lui son secret, qui va déchaîner la presse... La France pleure cette disparition soudaine et chacun tente de percer le mystère. Léon Daudet dans son livre *Le Drame des Jardies* donne son explication : dans les années 1870, alors qu'elle avait besoin d'argent et qu'elle n'aimait pas encore Gambetta, Léonie a vendu des renseignements à la Païva et à son amant, Henckel de Donnersmarck, comte prussien proche de Bismarck. Elle leur avait notamment communiqué la liste des généraux en activité, très intéressante pour les ennemis de la France. L'amour venant, Léonie voulut épouser Gambetta mais il était difficile de sortir des griffes de cette « hideuse Païva qui s'éleva du ghetto de Moscou jusqu'aux Champs-Elysées (...) qui n'aimait aucune créature vivante, homme, femme, enfant, animal, n'avait d'autre but dans la vie que de devenir plus riche et plus puissante. Jamais un spéculateur à la Bourse ou un magnat de l'Industrie n'exploita les hommes d'une façon aussi inhumaine et avec tant d'efficacité ». Charmant portrait, dû à Joanna Richardson dans *Les Courtisanes et le demi-monde au XIXe siècle en France*...

Léon Daudet partage cette aversion et pour lui, c'est sûr : la Païva a encore frappé ! Elle refuse de laisser Léonie se marier, se considère comme trahie, la fait chanter. Trois jours avant les noces, elle envoie à Gambetta des documents prouvant les erreurs passées de Léonie. Explication. Hurlements. Léonie prend le pistolet de Léon — qui traînait par là ? — et tente de se suicider. Son amant intervient et se blesse...

Valtesse a sans doute une autre explication. Dans un excès d'orgueil, elle se laisse aller à quelques confidences avec un ami journaliste, sur ses relations « politiques » avec Gambetta. Enchanté de ce « scoop » qui lui tombe du ciel, Dangeau publie dans *Le Gaulois* un article intitulé : « Un collaborateur inattendu », avec le fac-similé des lettres de Gambetta et le rapport de Valtesse, un joli coup pour son journal... Mais ô déception, l'article passe inaperçu. Il faut dire que les morts célèbres se succèdent en ce début d'année 1883, avec le général Chanzy puis le sculpteur et gendre de George Sand, Jean-Baptiste Clésinger, les journalistes ne savent plus où donner de la plume ! Chacun donne sa version des faits et prédit un avenir, rose ou noir, pour le pays.

Les articles se succèdent, les ministres changent, les jours passent et on se bat toujours dans les rizières d'Indochine. Les Français découvrent dans leurs journaux l'histoire du Tonkin, l'horrible Tu Duc et les effrayants Pavillons noirs transformés en personnages affreux et cruels attaquant nos valeureux soldats. L'imagination populaire s'émeut en apprenant le sort du courageux commandant Rivière qui, après s'être emparé d'Hanoi, a été fait prisonnier puis décapité. Les journaux commencent à attaquer le gouvernement qui piétine dans cette affaire laissée par Gambetta en héritage, l'accusant notamment d'être rentré sans raison valable en conflit avec Tu Duc, de piétiner pour obtenir la signature d'un protectorat qui soit reconnu par les Chinois et qui écarte la menace de la concurrence britannique dans cette région. (Protectorat qui sera obtenu en 1883, suivi l'année d'après du traité de Tien-Tsin.)

C'est dans cette atmosphère que Valtesse reçoit un soir la visite de Guillaume Livet, poète et journaliste, qui veut l'interviewer pour *La Réforme*, revue très inspirée des idées du ministre de l'Intérieur de Jules Ferry, Waldeck-Rousseau, qui a été — lui aussi — l'amant de Valtesse. Pour le gouvernement, c'est une façon discrète de rappeler aux Français que la nouvelle campagne du Tonkin a été initiée par Gambetta. Valtesse accepte, bien sûr, espérant mettre les choses au clair. Elle répète à Livet ce qu'elle avait révélé à Dangeau, le journaliste du *Gaulois*, et lui confie lettres et rapports. Elle y ajoute le dernier message reçu de Kergaradec qui lui explique que la situation ne s'arrange pas à Hanoi, car Tu Duc a demandé 20 000 hommes à la Chine.

Livet revient chargé de documents au journal, où on l'attend avec impatience. La dernière lettre de Kergaradec satisfait particulièrement Waldeck-Rousseau et Jules Ferry, puisqu'elle justifie la nécessité d'une politique offensive de la France.

Le lendemain, *La Réforme* publie en première page, sous

un titre en gros caractères « Gambetta et le Tonkin », un article qui va, cette fois-ci, faire sensation :

« Le grand prix passé, la curiosité s'est reportée sur le Tonkin et ce pays, presque ignoré il y a un mois, est devenu le sujet de conversations au salon et au boulevard. A ce propos, un de nos confrères rappelait le rôle joué par une femme dans cette affaire. Cette femme, vous la connaissez, c'est une Parisienne de Paris à qui la vie facile a rapporté des millions et un hôtel magnifique, à qui la nature a donné un caractère aimable et des flots de cheveux d'or. Elle s'appelle Valtesse — Mme Valtesse de la Bigne — si vous voulez lui faire plaisir, on la nomme Rayon d'or et le surnom lui convient. »

Livet raconte toute l'histoire, rajoutant une phrase exigée par ces messieurs du gouvernement pour justifier Gambetta, ce « grand politique qui, sachant juger des hommes et des choses, prenait ses renseignements où il espérait les trouver bons et traitait à leur juste valeur les informations et communications officielles ». Et Livet de conclure qu'il est bon « de rappeler toute cette affaire dans laquelle on voit un grand homme d'Etat traitant d'égal à égal avec une femme. Tant il est vrai que les plus élevés d'entre les humains sont tous les sujets d'une reine plus élevée qu'eux : la beauté ».

Si les premières révélations de Valtesse sont passées inaperçues, ces dernières vont déclencher une réaction immédiate et alimenter les journaux et les conversations. Gambetta prenait conseil auprès d'une femme de mauvaise vie ? L'histoire est trop belle ! Et trop drôle... *Le Gaulois* lance dans ses échos un nouveau surnom pour le ministre de l'Intérieur que vont s'empresser d'adopter tous les Parisiens : Valtesse-Rousseau.

Le Temps s'étonne qu'une « femme célèbre surtout par sa beauté blonde » soit mêlée à une affaire aussi importante que celle du Tonkin et s'amuse des confidences de Kergaradec en rappelant « que les voyageurs les plus intrépides emportent au loin, comme un talisman, l'image de Paris et le souvenir des jouissances qu'ils y ont gaiement passées ».

D'autres sont beaucoup plus sévères, scandalisés par cette présence féminine de mauvais aloi. *La Vérité* s'indigne : « On a flétri le Second Empire parce que l'Impératrice avait dit de la guerre qui a abouti au démembrement " c'est ma guerre ". Et nous faisons aujourd'hui la guerre de Mme Valtesse. »

La France s'offusque d'apprendre que « Gambetta avait été gagné à la cause de l'intervention militaire par une héroïne de Zola, femme de mœurs agréables et d'opinions bonapartistes ».

Le Soleil rappelle à notre bon souvenir que « Périclès ne s'est pas mal trouvé d'avoir cherché des inspirations auprès d'Aspasie, et sa liaison avec cette femme célèbre n'a pas nui à la prospérité de la République athénienne. Mais nous nous demandons pourquoi les Républicains qui racontent avec complaisance que M. Gambetta a étudié un plan de colonisation et médité des plans de campagne avec Mlle Rayon d'or, ne pardonnent pas à Louis XIV d'avoir fait de la politique avec Mme de Maintenon, à Louis XV d'avoir préparé avec Mme de Pompadour l'alliance de la France et de l'Autriche. S'est-on assez moqué de Cotillon III ! Cotillon pour cotillon, les cotillons de la marquise de Pompadour valent bien ceux de Mlle Rayon d'or ».

Dans *L'Intransigeant*, Rochefort compare Gambetta à Antoine qui aurait bien fini « par offrir le trône d'Annam à cette Cléopâtre » s'il était encore vivant et regrette qu'on n'ait pas envoyé à Tu Duc cette négociatrice de charme. « En y mettant un peu de complaisance, elle fût certainement parvenue à lui faire tomber les armes, ce qui nous eût épargné beaucoup de sang et pas mal de millions. La vérité est que les corsaires qui nous dévalisent ne songent qu'à augmenter la note afin d'augmenter les retours du bâton. »

Quant à Edouard Drumont, il décrit dans *La France*

juive le cabinet de toilette des Jardies où « se rajustaient à la hâte les interlopes visiteuses qui venaient entretenir le maître des affaires du Tonkin ».

L'affaire tourne mal pour Waldeck-Rousseau, pris à son propre piège. Elle réveille les passions assoupies et déchaîne les fureurs de l'opposition. Monarchistes, bonapartistes, radicaux, tous se jettent sur Gambetta et sa gloire défunte pour lui assener des coups sévères : *La Lanterne* est furieuse d'avoir été naïve comme tous les Français, en croyant que le gouvernement avait une politique coloniale précise, alors « qu'entre ces procédés et ceux de l'Empire, il n'y a pas de différence. C'est le même arbitraire mis au service des mêmes tripotages avec les mêmes instruments de corruption et de débauche ». Cela tourne à la querelle générale, entre politiques et journalistes.

Tous les jours, on lit de nouveaux commentaires dans la presse. *La Réforme*, exaspérée de ces critiques, se défend comme elle peut : « Que signifie tout ce tapage ? (...) Les petits maîtres du libéralisme radical se voilent la face et jurent que toute pudeur est perdue, les marquis de la réaction font grand scandale ! Ils disent tous qu'il s'agit de politique de femme. Eh ! Laissez donc la femme de côté. (...) Mais le rapport ? On n'en parle pas, et c'est ce qu'il fallait voir dans notre publication. »

Plus drôle, *L'Evénement* se demande ce que pense Cora Pearl de Madagascar, puisqu'on sait déjà ce que Valtesse pense du Tonkin. Aussitôt *La Réforme* répond : « Si vous lisiez les journaux anglais, vous le sauriez déjà. En 1875, le rédacteur du *Times* est allé voir la célèbre courtisane et, à propos de Madagascar, elle répondit que cette île devait appartenir tout entière aux Anglais, en ajoutant : " Tout par les Anglais, aux Anglais, pour les Anglais ". Etes-vous content, confrère ? »

Le nom de Valtesse est sur toutes les lèvres, même le *Gil Blas* qui s'est tant moqué d'elle envoie Fernand Xau interviewer « celle dont l'impartiale histoire burinera le nom sur ses tablettes d'airain », avec le même sérieux que s'il s'agissait d'une nouvelle Jeanne d'Arc. Le jeune journaliste ne va pas être déçu ! Les saintes d'aujourd'hui ne sont pas très catholiques et la belle savoure sa vengeance. Elle lui fait répondre qu'elle est indisposée, le laisse attendre de longs instants avant d'accepter finalement de le recevoir dans sa chambre à coucher. La rousse spirituelle est assise sur son lit royal, croulant sous les fleurs. A ses côtés, un couple semble en extase, béat d'admiration, Fauchery, le regard amoureux, et Léontine Godin, dite Satin, agenouillée sur un coussin de soie. La mise en scène est suffisamment étudiée et le journaliste beaucoup trop inexpérimenté pour réussir à faire parler Rayon d'or sur ce qui passionne les Français : est-elle la cause du meurtre de Gambetta comme le croient la plupart de ses contemporains ?

C'est Rochefort, le premier, qui a élaboré ce nouveau scénario dans *L'Intransigeant* : « Les journaux opportunistes ont raconté que M. Gambetta s'était blessé à la main droite en maniant un revolver de la main gauche. Mais la rumeur publique, refusant de mordre à ce récit invraisemblable, prétend que l'homme sauvage de Ville-d'Avray a été victime d'une tentative de meurtre. Elle désigne même l'agresseur ou “ l'agresserice ” si j'ose m'exprimer ainsi. Il s'agit d'une femme jalouse qui, décidée à punir l'infidèle, aurait remplacé pour lui le vitriol par des balles de calibre 7,65. C'est dans la petite maison des Jardies que M. Gambetta se rencontrait avec sa “ nouvelle ”. Mais l'ancienne, qui ignorait cette aventure, se trompa dans les rapports qu'on lui fit sur l'identité de la personne (...), elle perdit la tête devant la menace d'être supplantée par une femme qui lui soufflait l'homme célèbre qu'elle considérait déjà comme son mari. Ce fut cette erreur qui causa la mort de Gambetta. L'Ariane qui consentait à être trompée, non à être à jamais abandonnée pour une autre, partit pour les Jardies où elle arriva au moment psychologique. Comme elle possédait toutes les clefs de la maison, elle surprit les deux amants en pleine causerie et visa de son revolver la femme, non Gambetta, qui, très généreusement, se jeta entre ses deux maîtresses et reçut soit une, soit deux balles. »

Ainsi la jalousie de Léonie Léon aurait frappé et Gambetta aurait été une victime de la guerre du Tonkin, mort à Ville-d'Avray, pour la France. Mais le trop jeune Fernand Xau n'a aucune preuve. Il publie son papier le 13 juin 1883 : « Valtesse remplit le monde du bruit de son nom. Les journaux ne parlent que d'elle et si cela continue on dira le siècle de Valtesse comme on dit le siècle de Périclès ou de Louis XIV. »

Mais on ne parlera pas du siècle de Valtesse. Les années vont passer, le tumulte se calmer, les esprits oublier... Dix ans après, les journaux publieront des images de l'inauguration d'un monument à Haiphong, la statue de bronze de Jules Ferry. Dans sa longue jaquette noire, les mains derrière le dos, le regard triste et pensif... lui qui a tant subi les critiques de ses contemporains à cause du Tonkin, il semble se souvenir de l'ingratitude que les hommes ont eue pour un autre personnage politique, Gambetta.

D'ailleurs, ce dernier a lui aussi sa statue, dans une rue de Saigon, érigée après sa mort par son ami, le député de Cochinchine, Blancsubé. Mais plus personne n'y prête attention...

En cette fin de siècle qui annonce la Belle Epoque, on préfère s'amuser, continuer de défiler au bois de Boulogne et danser dans les bals sans prendre la vie au sérieux. Valtesse oublie elle aussi toute cette histoire et reprend ses mondanités. Une des distractions préférées de la haute société reste les courses, où se retrouve le « gratin ». L'équitation, c'est d'abord une sorte de manifestation en faveur de la tradition, une volonté de résister à la modernité bruyante qui arrive à toute vitesse avec ses trains à vapeur et ses « machines sans âme ». Et puis, au lendemain de la défaite de 1870, il faut préparer la revanche et former une élite de cavaliers. Le cheval devient un emblème, un état d'esprit, une preuve de noblesse, un art de vivre qui disparaîtra au fil du temps, au nom du progrès.

On part au grand galop, cheveux au vent, pour se protéger de cette évolution qui effraie, pour oublier la modernité et l'inconnu qui s'annoncent. Des craintes qui n'effleurent pas Valtesse. Elle sera l'une des premières à s'offrir une magnifique limousine bleue 4 cylindres mais n'abandonnera pas ses chevaux pour autant. Bien au contraire, car à cette époque que l'on nomme « le temps des équipages », il faut rivaliser d'élégance, posséder les voitures les plus somptueuses et les chevaux les plus racés.

Napoléon III qui ne pouvait envisager de passer une matinée sans mettre le pied à l'étrier, a collectionné les plus beaux alezans, dont la robe était très à la mode. Sous son impulsion, ont été importés des pur-sang de toutes origines alors que jusqu'ici on s'était contenté orgueilleusement de nos étalons de Normandie ou de Vendée. Aujourd'hui, tout homme du monde possède des chevaux irlandais, allemands, russes ou anglais. On feuillette l'un des nombreux journaux hippiques récemment apparus et on fait visiter son écurie comme son salon.

Avec son ami le prince de Sagan, président de l'hippodrome de Longchamp, Rayon d'or promène sa fière allure dans ces champs de courses modernes construits sous Napoléon III. Ce dernier a lancé des chantiers d'une grande ambition aux alentours de Paris afin d'en faire la capitale des plaisirs équestres. Après l'hippodrome de Chantilly, inauguré en 1834 où se courent le prix du Jockey-Club et celui de Diane réunissant toutes les têtes couronnées de France, l'hippodrome de Longchamp, créé en 1857, est devenu un but de promenade dominicale pour les Parisiens avec sa cascade, son moulin et son petit bois. Enfin, l'hippodrome d'Auteuil, inauguré en 1873, est devenu très populaire avec ses « courses au clocher » qu'il est de bon ton d'appeler steeple-chase. Car l'Angleterre, patrie des courses de galop et pays d'une délicieuse excentricité, est follement à la mode. Les mondains ne jurent que par le prince de Galles, on court le « derby » à Chantilly, les candidats indésirables se font « blackbouler » au Jockey-Club, pour appartenir à la « gentry » on fait inscrire « Mister » sur ses cartes de visite et on donne un nom « british » à son cheval que l'on a, of course, fait venir d'outre-Manche. « Je ne sais pas si vous êtes comme moi, s'amuse Alphonse Allais, mais j'adore l'Angleterre. Je lâcherais tout, même la proie pour Londres ! »

Valtesse aussi adôôôre parier — pardon pratiquer le « betting » — et exhiber son équipage bleu et ses pur-sang blancs à Longchamp. Elle aime ce spectacle qui a ses rites immuables et commence par l'interminable défilé remontant les Champs-Elysées et redescendant l'avenue de l'Impératrice où chacun et chacune se doit d'éblouir la foule par son élégance. Arrivée à l'hippodrome, cette foule d'élégants se disperse pour aller se placer selon un règlement bien particulier, assignant un espace à chacun selon son rang. Enceinte du pesage, tribunes des membres du Jockey-Club, de l'administration, des haras ou du préfet sont réservées aux élus, tandis que les autres se contentent de la pelouse et des gradins découverts.

Toute une comédie sociale qui recommence au moment du départ, en sachant que le bon goût veut que l'on n'attende pas la dernière course pour partir. Avec ses tenues de chez Worth, Valtesse a toujours un succès fou. On se presse autour d'elle pour admirer ses chiens, ses chevaux, ses robes, ses chapeaux. Elle est d'ailleurs l'égérie du « club des Biberons » ou « club des Moutards » qui réunit les jeunes gens du Faubourg Saint-Germain, les ducs, comtes et barons dont l'âge n'autorise pas encore l'accès au Jockey-Club. Installés dans une salle d'armes et une salle de gymnastique rue Royale, les membres du « club des Biberons » y mènent joyeuse vie et jouent de grosses sommes sur lesquelles Valtesse perçoit un pourcentage, bien sûr.

15

Un procès qui en révèle de bien belles

On est parfois rattrapé par son passé. Pour Valtesse, celui-ci prend les traits de sa fille de quatorze ans, Julia-Pâquerette, et du procès qui l'oppose à sa mère pour la garde de l'enfant.

La courtisane ne voit plus le père, Richard Fossey, depuis longtemps et a confié, on s'en souvient, l'éducation de sa fille à sa mère, Emilie Delabigne. Les deux femmes vont se déchirer, sous le regard ahuri des Parisiens. La comtesse retrouve son passé étalé sur la place publique. Point de jeunesse dorée, comme elle le prétendait : Valtesse a eu l'enfance de Nana. Elle est née dans le caniveau et s'en est sortie grâce à la prostitution. Mais pourquoi cette piètre mère, qui ne s'est jamais occupée de sa fille, se lance-t-elle donc, à corps perdu, dans une odieuse querelle de famille ? Pour mettre les choses au point et clamer sa vérité haut et fort en faisant fi des convenances et des hypocrisies bourgeoises ! Peut-être aussi pour éviter à sa fille des désagréments qu'elle a bien connus et une vie de prostituée.

Mais imagine-t-elle les gloussements que ce procès à scandale provoque ? Et l'éclat de rire général quand on apprend que la comtesse de la Bigne, si fière de ses ancêtres, n'est que la fille d'une vulgaire lingère et d'un Normand alcoolique ! On découvre que Valtesse a eu un pleutre fiancé et deux enfants malingres avant de devenir une des étoiles les plus célèbres de Paris. Et ce n'est pas fini ! Albert Wolff s'esclaffe dans sa rubrique « Le monde où l'on rigole » : « L'une des sœurs de Valtesse, Emilie Tremblay, se fait appeler Marquesse — c'est nerveux, c'est de famille — et tient une maison de rendez-vous au 64 de la rue Blanche. »

Tiens, tiens... voilà qui est intéressant ! Les lecteurs du *Figaro* en avalent leur pipe d'étonnement. Après avoir débuté, elle aussi, sur le trottoir des lorettes, Marquesse a fini par gravir les échelons et vient d'ouvrir sa maison close, qu'elle tient avec un certain sens du détail. Ainsi, elle annonce à ses clients le « plat du jour » par des messages coquins sur un papier bleu orné d'un écusson où deux colombes se becquettent amoureusement. Et Marquesse en profite pour rappeler ses liens de parenté avec sa célèbre sœur. Ces messieurs seront satisfaits : à l'hôtel de la rue Blanche, le service est aussi soigné que dans celui du boulevard Malesherbes !

En fait, Marquesse déteste sa sœur. Qui le lui rend bien. Elles ont connu la même enfance, les mêmes débuts dans la galanterie mais pas la même réussite... Elle n'a de cesse de se venger de Valtesse dont le succès et la fortune sont une provocation insupportable. C'est la tenancière de la rue Blanche qui est à l'origine de ce procès car, entre Valtesse et sa mère, un accord tacite a assaini les relations. Depuis une dizaine d'années, Emilie vit à Limay, près de Mantes, et s'occupe de sa petite-fille Julia-Pâquerette grâce à l'argent que lui envoie Valtesse. Tout le monde semble satisfait de cette situation... excepté peut-être la pauvre Pâquerette qui ne voit quasiment jamais sa mère.

Mais c'était compter sans Marquesse qui souffle à sa mère une idée machiavélique : puisque Valtesse se désintéresse de sa petite Julia-Pâquerette, pourquoi ne pas en demander la garde légale et définitive ? On l'installera dans l'hôtel de la rue Blanche. Elle n'est pas bien jolie mais on parviendra à en faire un « plat du jour » ! La mère et la fille préparent en secret leurs plans d'attaque puis en parlent à ce pauvre Richard Fossey qui en profite pour quémander un peu d'argent à sa belle-mère : « Ma chère maman, lui écrit-il, je compte sur vous pour 400 balles. Oh, ne sautez pas, il me les faut... Bonjour à ma chère Pâquerette. »

L'autorisation paternelle en poche, Emilie Delabigne se précipite au tribunal de Mantes pour présenter une requête devant la chambre du conseil afin d'obtenir la garde exclusive de sa petite-fille. Ce qu'elle obtient facilement, le métier de courtisane de la mère ne faisant pas très bon effet auprès des juges.

Quand Valtesse l'apprend, elle convoque sa mère, ainsi que Fossey, afin qu'ils signent tous les trois un accord très précis sur l'éducation de Julia-Pâquerette « dans la pension des Dames de Saint-Joseph à Boulogne-sur-Seine où elle entrera comme interne. Elle y restera à ce titre jusqu'à l'âge de 18 ans. Elle ne pourra être visitée à la pension que par les soussignés (...), elle passera ses vacances auprès de sa grand-mère seule qui s'interdit de la conduire chez sa fille Emilie... » La précision est importante car elle sait bien que l'on emmène déjà sa fille à des « soupers fins » organisés dans l'hôtel de la rue Blanche.

L'accord est signé le 7 février 1881 mais, quand Valtesse veut emmener Pâquerette quelques jours en Suisse pour les vacances, la grand-mère s'y oppose : elle ne veut pas que sa petite-fille subisse de mauvaises influences. De quoi mettre Valtesse de très mauvaise humeur : quoi, elle veut faire respirer le bon air de la montagne à sa fille et on le lui refuse ?

Alors, les 14 et 15 novembre 1881, tout ce beau monde se retrouve devant le tribunal de la Seine. Maître Nappias a la partie facile et attaque la courtisane « à la rapide fortune composée en grande partie de roubles, de dollars et généralement de monnaies étrangères (...) Elle a essayé de tout, même de la politique ! On n'a pas oublié la manifestation qu'elle avait faite le jour du 15 août à la campagne... » Lisant certains passages de son roman *Isola*, où elle se décrit cruelle et destructrice, il en conclut que cette mère perfide s'intéresse à sa fille — soudainement et étrangement — quand celle-ci commence à devenir une femme...

En face, maître Jullemier — fidèle ami de Rayon d'or — réplique que tout cela est pur fantasme et donne une autre vision des choses : le père de Valtesse était un ivrogne débauché, la mère faible et dépassée par ses sept enfants, la sœur une maquerelle dangereuse et aigrie, l'ex-amant un « Hamlet algérien qui écrivait d'Afrique toutes sortes de lettres mélancoliques mais qui déclarait en même temps ne pas pouvoir rentrer dans son rôle de père ». Quant à la grand-mère, qu'elle cesse aujourd'hui de parler d'esprit maternel ! Si elle est aussi attentive et tendre avec sa petite-fille, ce n'est pas par amour mais pour une histoire de gros sous, puisqu'elle l'emmène dans la maison de rendez-vous de Marquesse malgré l'accord signé et contre la volonté de Valtesse ! D'ailleurs « elle nous a appelée l'" Union des peintres ", mais nous pourrions l'appeler... l'" Union des financiers " !... » Ah ! Alors ? La grand-mère serait-elle aussi de mœurs... légères ? Décidément, quelle famille !

Mi-amusé, mi-horrifié, le tribunal doit se rendre à l'évidence : l'innocente Pâquerette est, d'une façon ou d'une autre, vouée à devenir une « fille ». Avec sa grand-mère, elle sera pensionnaire chez dame Marquesse. Avec sa mère, elle deviendra courtisane. A tout prendre, c'est sans doute la dernière solution la moins mauvaise. D'ailleurs, quand Emilie Delabigne entend le verdict et hurle : « Non, je ne rendrai pas la petite Pâquerette, sa mère l'élèverait trop mal ! », sa fille rétorque non sans raison : « Comment m'avez-vous élevée, vous ? » Valtesse remporte donc la partie et triomphe !

Mais elle paye cher sa victoire : les chroniqueurs font des

gorges chaudes de ce procès sordide. Trop heureux de jouer les moralistes, ils ne ratent pas la belle rousse et sa « famille bizarre où l'on est fille naturelle de mère en fille », comme le constate Léon Chapron. Mais « c'est un trait commun à toutes ces demoiselles, rétorque Villemot. Elles ont presque toutes débuté par un amour banal qui a eu pour conséquence un petit volontariat de neuf mois. Le premier amant de Mlle Valtesse s'appelait Fossey, un nom peu distingué peut-être, mais qui dit bien ce qu'il veut dire… c'est au bout de ce « fossé »-là que commencent toutes les culbutes ».

Durant des mois, sa vie est décortiquée, autopsiée, raillée : « Cette belle fille a une place à part dans la galanterie parisienne, explique Albert Wolff. Son hôtel est comme une ferme modèle de la haute bicherie (…) et elle veut élever l'enfant « saintement » selon son expression délicieuse. (…) Le juge qui a enlevé Pâquerette à la vieille blanchisseuse pour la restituer à sa mère me fait l'effet d'un naïf qui pour sauver un enfant des flammes qui l'environnent le flanquerait à l'eau pour le noyer. (…) La prostitution est héréditaire dans les familles, comme le goût de la magistrature. »

Il faut dire qu'Albert Wolff n'est pas un tendre ! Chaque jour, le Tout-Paris tremble en lisant ses papiers ciselés comme des flèches. Même Manet n'a pas réussi à l'amadouer, allant jusqu'à entreprendre le portrait de ce personnage aux allures de singe dont on dit qu'il est venu à Paris par les arbres. Pourtant, il ne semble pas insensible aux charmes de Valtesse :

« Les femmes qui naissent dans la fange, ruinant les hommes que le hasard fait naître dans l'opulence… c'est peut-être l'équilibre qui rétablit peu à peu la société. Courtisane de haute futaie qui ne donne pas dans le détail, Valtesse ne vise pas le petit patrimoine mais les grandes fortunes. Les millions qu'elle a extirpés à quelques contemporains n'ont causé aucun désastre : ils ne coûtaient pas beaucoup plus cher à ceux qui les ont donnés qu'à celle qui les a reçus. La toute belle Valtesse travaille dans le grand avec une réelle supériorité d'esprit sur ses pareilles qui le plus souvent ne sont que de simples grues. »

Une fois de plus, elle prouve cette supériorité en ayant l'intelligence de laisser couler ce flot d'encre ironique, même quand elle ouvre le *Gil Blas* et lit dans les colonnes du fameux « Homme masqué » (Emile Bergerat) :

« Voici l'heure de sacrifier à Vénus autant de colombes qu'il y a de pigeons à Paris. Je ne me tiens pas d'allégresse. A vous, celle-là, mes maîtres, Leconte de Lisle, Théodore de Banville, Armand Silvestre, les poètes hellènes qui tant et si bien avez chanté la courtisane antique. Car jamais, dans leurs rêves hyperboliques, jamais dans la débauche grandiose et sacrée de leur imagination de prêtresses, ni Phryné, ni Laïs, ni leurs rivales n'ont atteint une telle hauteur de dérèglement ! A la place d'Emile Zola, j'ajouterais un chapitre à *Nana*, car il y manquera désormais (...). Poètes, mes amis, égorgons les palombes, la grande courtisane n'est pas morte. Aspasie dîne chez les Archontes, elle est du *Bulletin des Lois* : elle possède l'Indochine et elle se fiche dedans. Périclès, Aspasie collabore... Valtesse prend la tête de la courtisanerie moderne. Valtesse est un bien national. »

Qu'ils rient ! Qu'ils prennent de grands airs, la main sur la poitrine ! La comtesse de la Bigne va attendre et laisser dire. Les journalistes finiront par s'intéresser à autre chose, les mauvaises langues par se calmer et les hommes oublier...

16

La femme et les écrivains

En fin de compte, ce procès n'a pas terni la réputation de Valtesse qui continue de mener une vie mondaine intense. Se disant « femme de plume », elle se lie avec des écrivains et des penseurs, traditionnellement envoûtés par les hétaïres :

« Les philosophes ont toujours aimé les courtisanes, même Platon, même Socrate. C'est qu'ils considèrent la femme comme un livre et qu'à ce point de vue, la courtisane est une étude plus sérieuse que la Vierge ou la mère », reconnaissait Arsène Houssaye [1].

Chaque lundi, entre cinq et sept heures, ils sont nombreux à venir voir Valtesse dans son étrange hôtel particulier. Cette femme les étonne, les surprend, les trouble par la théâtralisation soigneusement composée de sa vie, son cynisme et son insolence. Elle symbolise toutes les contradictions de la femme, son élégance et sa dureté, sa faiblesse et sa force. Pour tous ces littérateurs bourgeois, elle représente un monde nouveau et inattendu :

« C'est dans l'hétaïre que les mythes masculins trouvent leur plus séduisante incarnation, explique Simone de Beauvoir dans *Le Deuxième Sexe*. Elle est plus qu'aucune

1. Arsène Houssaye, *Les femmes comme elles sont*, 1857.

autre chair et conscience, idole, inspiration, muse : peintres et sculpteurs la voudront pour modèle, elle nourrira les rêves de poètes, c'est en elle que l'intellectuel explorera les trésors de “ l'intuition ” féminine. »

Octave Mirbeau est un des meilleurs amis de Valtesse puisqu'elle commence à échanger avec lui une correspondance dès 1875. Ils ont le même âge, tous deux sont nés en 1848. Ce critique dramatique du *Figaro*, catholique, va évoluer d'une façon radicale vers des idées avant-gardistes, combattant sans cesse l'ordre établi et l'égoïsme de la bourgeoisie, cette « chlorose de l'esprit » : « Je fus d'abord bonapartiste révolutionnaire puis royaliste révolutionnaire, puis révolutionnaire tout court », confesse-t-il.

Maniant avec talent le pamphlet et la formule assassine, Mirbeau lance en 1883 une feuille à scandales hebdomadaire, *Les Grimaces*, emblèmes des masques d'une société corrompue et mimiques du dégoût qu'elle peut inspirer. Il veut rester fidèle à ses principes « aveuglément et toujours avec le pauvre contre le riche, avec l'assommé contre l'assommeur, avec le malade contre la maladie, avec la vie contre la mort ».

En 1886, l'écrivain provocateur publiera *Le Calvaire*, racontant les amours malheureuses d'un amant bafoué par une courtisane cruelle. Ses écrits révèlent une débauche de violence qui trouvera son paroxysme avec son fameux *Jardin des supplices* qu'il dédie en 1899 « aux prêtres, aux soldats, aux juges, aux hommes qui éduquent, dirigent, gouvernent les hommes ». Cette métaphore des « fleurs du mal » concentre toutes les horreurs et les injustices dans un jardin imaginaire où se pratiquent des tortures effrayantes, mettant en scène des personnages terribles comme Clara, toujours à la recherche de monstrueuses ivresses, se délectant des agonies et des exécutions.

L'auteur du *Journal d'une femme de chambre* (1900), autre violent réquisitoire contre la société qui sera son chef-d'œuvre, adore Valtesse dont les mises en scène sombres et emphatiques l'enchantent. Il lui envoie régulièrement ses « bons baisers d'ami » et n'hésite pas à recopier « religieusement » un article publié sur elle en Belgique. Mais cette amitié semble platonique, puisqu'il finit par épouser Alice Regnault, autre courtisane richissime.

Les frères Goncourt aussi connaissent bien notre « Sévigné des cabinets particuliers » dont ils parlent parfois dans leur Journal. Elle inspire d'ailleurs Edmond pour son roman *Chérie*. Comme Zola pour *Nana*, il commence une enquête sur les jeunes filles du monde et, ne sachant où se procurer des témoignages, lance un appel à la fin de la préface de son livre *Faustine*, qu'il publie en 1882. De nombreuses lettres anonymes lui parviennent dont celle de notre jolie rousse qui a la coquetterie de signer « V. de la B », tout en lui demandant de ne pas chercher à savoir qui elle est. On imagine le sourire d'Edmond en lisant cette requête...

Dès le 11 mai 1883, *Chérie* paraît sous forme de feuilleton dans *Gil Blas* et Valtesse reconnaît ses confessions, ses émois religieux (« La première communion qui pour moi est un premier amour »), ses timidités de jeune fille (« sa terreur à la vue de son premier sang répandu », « sa première pudeur dans le monde ») et quand l'auteur lui demande ce qui l'a le plus gênée lors de ses débuts dans la grande société, elle répond « voir pour la première fois mes bras nus » *(sic)*.

Mais si notre « Chérie » inspire les écrivains, elle ne réunit pas de salon littéraire comme cela se fait à l'époque, préférant le monde de la peinture. Pourtant les salons ont une grande importance sociale, ils constituent un lieu de rendez-vous qui permet la rencontre entre divers milieux, où artistes et écrivains échappent un temps à leur solitude pour échanger des idées, « ces salons aimables, si français, si bruyants, si moqueurs, si étourdissants, si bien-pensants, si libéraux (à leurs heures)... », s'exclame Sainte-Beuve.

Ce dernier a d'ailleurs pris en charge l'éducation de Jeanne de Tourbey, fille d'ouvriers un peu grossière, qu'il a installée au second étage de sa maison pour lui apprendre « la vertu de rester chez soi, l'art de recevoir et de conduire une conversation en montrant moins son esprit qu'en faisant valoir celui des autres. L'attrait de se garder secret et la diplomatique sagesse de savoir écouter ». La leçon sera bien apprise, puisque l'élève épouse le comte de Loynes en 1873 et crée l'un des salons les plus réputés de Paris, dans son bel appartement de la place des Vosges, tous les jours de 17 heures à 19 heures pour les causeries puis de 19 h 30 à minuit pour le souper. Le salon de « la belle écouteuse » de Verlaine devient jusqu'en 1914 l'un des plus convoités, où se pressent Flaubert, Girardin, Coppée, Barrès, Guitry ou Daudet dont elle parlera dans ses *Souvenirs*.

Ces salons littéraires sont le lieu de discussions enflammées et de débats polémiques sur les bouleversements qui touchent cette fin de siècle. L'un des sujets de prédilection est le rôle de la femme, qui commence à remuer du jupon, avec les premiers mouvements féministes. La prostitution provoque aussi des débats sans fin. De la lorette à la courtisane, « le grand et le petit trottoir » sont devenus un véritable phénomène de société, il faut remonter à la civilisation grecque pour trouver une telle ampleur au phénomène. Ce commerce florissant atteint des sommes choquantes quand on apprend que le roi des Belges paie aux enchères, pour une nuit avec la Belle Otéro, la somme de vingt mille francs-or. « Pour ce prix, j'offre le petit déjeuner », précise-t-elle...

Cette invasion de filles légères remet en question la position de la femme dans la société et oppose les intellectuels. D'un côté, ceux qui s'adonnent au culte de la Femme et entendent profiter de la situation ; de l'autre, les antiféministes épouvantés par ces créatures dévergondées.

Les premiers, dont font partis nombre d'amis de Valtesse, Arsène Houssaye, Théophile Gautier ou Pierre Louÿs sont dans l'air du temps, vivent avec plaisir cette époque licencieuse et font l'apologie de la liberté des mœurs, se réclamant des anciens Grecs. Ils revendiquent une indépendance totale pour la femme dans tous les domaines et considèrent que la prostitution est devenue une affaire financière comme une autre. « De nos jours, explique Proudhon, on a vu la pornographie s'allier à la bureaucratie : les femmes sont la deuxième puissance après celle de l'argent, puissance occulte, tout se fait par les femmes [1]. » On fait les louanges de la femme, même s'il s'agit d'une femme-objet, et on paie, en toute bonne conscience, la marchandise choisie.

Face à ce mouvement de pensée, des écrivains crient au scandale. Pour Barbey d'Aurevilly, l'esprit du mal s'incarne toujours dans une femme, comme il le décrit dans *Les Diaboliques*, en 1874, et pour Villiers de l'Isle-Adam, la femme idéale est un automate, douée d'une âme, « l'Eve future » dont il trace le portrait en 1886. Les plus virulents sont Octave Mirbeau qui atteint des sommets d'horreur dans *Le Jardin des supplices* et Joris-Karl Huysmans dont la Salomé est une bête monstrueuse et irresponsable.

Loin de ces débats, se situe une femme écrivain étonnante, Rachilde, disciple de Sade, dont les personnages ont tous une prédilection pour les amours monstrueuses et la mort. De quoi amuser Valtesse qui la rencontre grâce à leur ami commun Arsène Houssaye. En 1884, elle publie en Belgique son premier livre, *Monsieur Vénus*, qui met en scène une intrigante virile qui transforme son amant, déjà efféminé, en maîtresse. L'ouvrage lui vaut deux ans de

1. Cité par Edgar Pich, *L'Antiféminisme sous le Second Empire*, 1976.

prison par défaut et deux mille francs d'amende. Elle continuera malgré tout à écrire des romans aux titres sans ambiguïté, *La Marquise de Sade*, *Notre-Dame des rats, La Virginité de Diane, Madame la Mort*, des ouvrages décrivant des scènes épouvantables avec un grand luxe de détails et abordant tous les thèmes, sadisme, masochisme, nécrophilie, fétichisme, pédophilie, gérontophilie, zoophilie, vampirisme, anthropophagie, hermaphrodisme.

Rachilde fait partie, selon le mot de Jean Lorrain, de « la grande famille des exaspérés de sensations ». Mais paradoxalement, elle veut maintenir la femme dans son activité traditionnelle, comme elle l'explique dans *Pourquoi je ne suis pas féministe*. Le plus étonnant, c'est que, après cette vie libre et sulfureuse, la romancière devient vertueusement sage entre sa fille adorée et son mari, Alfred Vallette, avec qui elle remet à flot la société d'édition le Mercure de France pour publier Colette, Gide ou Barrès.

17

L'« Union des peintres »

On a déjà évoqué le surnom donné à Valtesse, mais l'ironie recouvre une réalité : « Elle aima s'entourer d'artistes, elle accueillait les meilleurs, les moins bons... et les pires. Elle était une manière d'Aspasie moderne qui savait user de son influence et de ses dons pour soutenir et lancer les artistes ses amis [1]. » Parce qu'au fond d'elle-même, Rayon d'or préfère les marginaux aux grands de ce monde, elle privilégie ceux qui sont rejetés, voire méprisés, par la société bien-pensante, ces poètes qui se promènent en jaquette cintrée et cravate bouffante, souvent coiffés d'un ravin — ce chapeau de feutre aux bords très larges —, ces drôles de personnages dont on dit : « Il est charmant, quel dommage qu'il fasse de la peinture ! »

Ces artistes aiment se retrouver le soir pour fumer et bavarder tranquillement à la brasserie des Martyrs à Montmartre, au La Rochefoucauld à Notre-Dame de Lorette ou au fameux Café Guerbois que fréquentent Manet, Renoir, Pissarro et Degas. Valtesse y passe de nombreuses soirées, accompagnée de Forain ou Gervex. Et bien avant qu'il soit à la mode de les inviter pour se divertir, l'Union des peintres ouvre les portes de son hôtel aux artistes : elle aime

1. A. de Fouquières, *Mon Paris et ses Parisiens*, t. 2, 1954.

écouter leurs doutes et leurs passions dans une époque de profonde mutation qui invente les bases de l'art moderne, elle les aide à se faire des relations, à rencontrer de futurs acquéreurs de leurs œuvres.

Les murs de son hôtel sont d'ailleurs couverts de toiles superbes mêlant tous les styles, Boudin, Berne-Bellecour, Courbet, Gervex, Ingres, Jacquet, Forain, qui nous a laissé un amusant dessin en hommage « à la divine Lucie », un autre surnom qu'on lui attribue. La belle rousse possède aussi quelques œuvres proches de l'impressionnisme, Raffaëlli, Lewis-Brown, Vollon, Troyon, Roybet, mais garde sa prédilection pour l'uniforme et les peintres militaires, Alphonse de Neuville, Henri Pille, Dupray et Detaille.

Elle est particulièrement fière de son portrait par Manet (actuellement au Metropolitan Museum de New York) réalisé en 1879, malgré les conseils de ses amis pompiers et de Richard O'Monroy qui trouvent cet artiste ridicule avec ses taches censées représenter la lumière. Mais la comtesse n'a que faire de leurs opinions ! Ses rapports avec Manet commencent par un quiproquo. Elle croit qu'il va venir chez elle comme pour un rendez-vous amoureux, tandis que le peintre l'attend tranquillement dans son atelier de la rue d'Amsterdam.

« Je suis une oie, lui avoue-t-elle le lendemain sur son beau papier à lettres bleu, j'avais compris que vous préfériez me faire chez moi et j'ai attendu. Soyez aimable, cher Monsieur, et donnez-moi un autre jour. J'irai chez vous. On n'est pas bête comme moi. Mille pardons et bien à vous. »

Elle se rend donc, accompagné d'Henri Gervex, rue d'Amsterdam, dans une jolie robe bleue à collerette de tulle blanche, pour sa première séance de pose. Le résultat l'enchante :

« Cher Maître, écrit-elle, je ne puis vous dire combien je

suis heureuse d'avoir mon portrait fait par vous et combien il me plaît. Merci de tout cœur. On n'est pas plus aimable, ni plus galant, — je dis plus galant parce que vous avez flatté votre modèle — enfin, je suis très fière d'avoir posé devant un maître tel que vous. Bien à vous des deux mains [expression favorite de notre rousse]. »

Elle est représentée de trois quarts, ses cheveux sagement rassemblés en chignon sur la nuque. Ce pastel lui permet de devenir l'amie de Manet, rejeté par les milieux artistiques officiels. Il n'habite pas loin de chez elle, au 81, rue Guyot, à la lisière du quartier des Batignolles, d'où l'appellation « Manet et l'école de Batignolles ». Valtesse et Gervex font partie de la petite bande qui passe régulièrement le voir dans son atelier en fin de journée après avoir pris le thé chez Rumpelmeyer. Manet aime recevoir du monde tandis qu'il repose ses jambes fatiguées par l'artériosclérose qui provoquera sa mort en 1883. Au milieu de ses toiles et esquisses, il recrée le climat des cafés qu'il aime tant, en se faisant porter des bières et des apéritifs par le garçon de la brasserie voisine, et la joyeuse compagnie papote des heures avant de se quitter pour le dîner. Par ailleurs, il voit régulièrement l'Union des peintres, comme le montre ce billet envoyé à sa maîtresse, Mery Laurent, le 28 septembre 1880 : « Hier, j'étais engagé à déjeuner aux Montalais avec la belle Valtesse, mais la partie a été remise : la châtelaine de Ville-d'Avray avait elle-même quelqu'un à déjeuner. »

Valtesse et Mery — une autre belle rousse — se voient souvent et font partie du même monde : Mery se fait entretenir par le vieux docteur Evans, célèbre chirurgien-dentiste du Second Empire, et donne chaque soir rendez-vous à Manet sous ses fenêtres rue de Rome. Si elle est seule, elle agite un mouchoir pour qu'il puisse monter... jusqu'au jour où le vieillard, ayant oublié un carnet chez sa maîtresse, tomba nez à nez avec le peintre. Furieux, il bouda quelques jours mais dut se faire une raison, sachant que la belle avait de toute façon un autre riche protecteur... une femme qui lui donnait cent mille francs par an !

Rayon d'or est aussi très amie avec Antoine Guillemet, peintre jovial et grand ami de Cézanne, que l'on voit sur *Le Balcon* de Manet. Elle passe des soirées au Guerbois en sa compagnie et le voit fréquemment en voisin à Ville-d'Avray. Paysagiste de talent et homme du monde, Guillemet est normand lui aussi et, s'il sourit malicieusement quand elle lui parle de ses ancêtres nobles, il adore aller chez sa « payse » dont l'insolence l'amuse. Il lui a fait connaître Félicien Champsaur, ce journaliste très « in », poète et peintre d'une grande galanterie, qui est devenu l'un des amants « gratuits » de Valtesse et compte parmi ses intimes.

Intime aussi, Edouard Detaille, peintre militaire de grande renommée, proche du pouvoir et très parisien. Il passe ses soirées chez Lalique ou chez Vignon et rencontre Valtesse en 1879. « Forte culture, visage épais, sans barbe, traversé par une moustache en lame horizontale, regard martial, voix chevronnante », le dépeint Arthur Conte [1].

Portant toujours l'habit militaire, il a tout pour plaire à Valtesse. On connaît sa faiblesse pour l'uniforme, ses coupes impeccables, ses symphonies de rouge, bleu, doré, blanc et noir. A cette époque, l'élégance masculine, dignement représentée au début du siècle par le comte d'Orsay, ne relève pas « d'un goût immodéré de la toilette » mais s'apparente à « un culte de soi-même » comme l'a expliqué Baudelaire [2]. Les intellectuels français sont bien les seuls au monde à se passionner pour la mode, à y voir une forme d'anticonformisme dans une société esclave des apparences. De même que les horizontales s'amusent à choquer les

1. Arthur Conte, *Le 1er janvier 1900*, Plon, 1975.
2. Baudelaire, *Le Peintre de la vie moderne*, 1863.

femmes du monde avec des robes trop courtes, les militaires, nouveaux dandys, fascinent avec leurs habits soulignant leur virilité d'une façon très érotique. Leurs vêtements atteignent parfois la limite de la décence, marquant la finesse de la taille et le galbe des fesses, moulant les cuisses et le reste. « On voit ce qu'ils pensent », dit la Castiglione. On s'amuse d'ailleurs dans les régiments à raconter l'histoire de celui qui n'achète des pantalons de daim que s'ils sont trop serrés. Depuis que Napoléon s'est occupé de la conception des costumes, la France se fait particulièrement remarquer en la matière. Les officiers ont fière allure, ils incarnent un rêve d'héroïsme et de virilité, une débauche insolente de couleurs au milieu d'hommes vêtus de gris. C'est dans ces beaux atours que Detaille a, ainsi, l'honneur de plaire à Valtesse.

Dans ses Carnets qu'il tient comme un agenda d'affaires, Edouard Detaille évoque souvent la courtisane en la désignant par l'initiale de son prénom, V. Il raconte le 23 juillet 1880 la rencontre malheureuse entre cette dernière et Réjane, l'actrice qu'il entretenait à l'époque. Crêpage de chignon dont Valtesse sort gagnante et qui inaugure une liaison qui va durer jusqu'à la mort de celle-ci. Si la courtisane le traite souvent comme un chien, au point de donner son nom à l'un de ses deux lévriers, Edouard n'en est pas moins fou amoureux. Il accepte tout, de passer après les autres et de n'avoir le droit de la voir qu'à partir de minuit, de céder aux moindres caprices de la belle et de lui verser une somme coquette à la fin de chaque mois pour payer ses faveurs. Les frères Goncourt se font même l'écho d'une anecdote sordide : « On raconte que le peintre Dupray, ce boiteux gouailleur, trompant Detaille, fit envoyer par Valtesse, la maîtresse de ce dernier, une chemise mouillée qui, écrivait-elle, l'était par l'insomnie de son absence — toute pleine du sperme de Dupray [1]. »

1. *Journal* des Goncourt, mai 1887.

Qu'importe ! Le bel Edouard aime tant son horizontale que pour mieux s'en approcher, il vient s'installer près d'elle au 129, boulevard Malesherbes, dans un hôtel somptueux qui comprend un immense atelier aux murs couverts d'études, de selles, de casques, de ceinturons et d'armes de toutes sortes, au-dessus d'une série de chevalets bien alignés. Si ses Carnets ne donnent guère de détails croustillants, notant juste les fréquents déjeuners, voyages et anniversaires passés ensemble, certaines dates sont suivies d'un trait ondulé. Ce petit signe indiquerait-il qu'il a eu le droit de passer la nuit entière avec sa belle ? On en tremble de joie pour lui... Sa fidélité pour sa maîtresse ne se démentira jamais et il lui tiendra la main sur son lit de mort.

Valtesse, de son côté, n'est pas aussi dure que le montrent les apparences puisqu'en 1899, elle commande à Aimé Morot, peintre très « vlan », le portrait de Detaille, et qu'elle vient le soutenir durant les séances de pose en demandant à un de ses amis de jouer de l'orgue pour que ce soit moins monotone. Elle paie ce portrait (actuellement au musée de l'Armée) très cher et le lui offre le 4 décembre pour un « anniversaire déjà lointain ». Serait-ce celui de Detaille, né le 5 octobre 1848, ou l'anniversaire de leur rencontre ? Autre preuve de son amitié, si l'on n'ose parler d'amour : en 1907, alors que la carrière du peintre est sur le déclin (le Bloc des gauches, parmi lesquel il ne compte guère d'amis, a gagné les élections de 1902) l'Union des peintres usera de son influence auprès d'un de ses anciens amants, Dujardin-Beaumetz, devenu secrétaire d'Etat aux Beaux-Arts, pour lui faire obtenir des commandes d'Etat. Et quand Valtesse part dans son beau château de Ville-d'Avray, elle laisse à Detaille une partie de son parc pour qu'il puisse s'y construire un atelier et rester près d'elle. Le peintre militaire offre bien sûr de nombreuses toiles à la femme de sa vie et la fait figurer au premier rang des badauds qui applaudissent le *Régiment qui passe* (vendu en 1979 à un collectionneur à Washington).

La courtisane a un autre amant, un jeune et beau peintre, beaucoup moins connu que Detaille, qu'elle va aider dans sa carrière : Henri Gervex. Venant d'une famille de la petite bourgeoisie, il commence à travailler dans l'atelier de Cabanel et peint de nombreuses femmes nues dans un style académique. Quand il rencontre Valtesse, il tombe aussitôt fou amoureux : la réciproque semble peu probable, mais elle va lui permettre de se faire connaître en l'invitant à ses grands dîners et en lui procurant des commandes intéressantes. A son tour de jouer les Pygmalion. Elle éprouve de la tendresse pour ce jeune homme qui lui ressemble, qui gère sa carrière avec une détermination sans faille et une intelligence calculée, ce gavroche montmartrois qui deviendra reconnu et riche, membre de l'Institut, et qui s'offrira, comme elle, un hôtel particulier près du parc Monceau.

C'est en 1878 que Gervex commence à faire parler de lui avec le scandale de *Rolla* (actuellement au musée des Beaux-Arts de Bordeaux). Ce célèbre tableau montre une jeune femme nue sur son lit, avec son amant qui la regarde près de la fenêtre avant de se suicider, histoire, inspirée par Musset, d'un jeune nanti mélancolique, atteint du « mal du siècle », et d'une jolie rousse qui va se lancer dans la courtisanerie. Dualité entre celui qui chercher la pureté absolue et celle qui profite de la vie, sans états d'âme. L'allusion à son histoire d'amour naissante avec Valtesse ne fait guère de doute.

L'œuvre crée un tapage considérable. Gervex est exclu du Salon pour immoralité. Le jury est très choqué par le corset rouge (couleur indigne d'une honnête femme) enlevé manifestement à la hâte et jeté à terre, signe d'une impatience amoureuse fort indécente. C'est pourtant grâce à ce détail « osé », suggéré non sans malice par Degas avec qui

Gervex passe de nombreuses soirées au Guerbois, que le jeune peintre va connaître le succès car les Parisiens défilent durant trois mois pour voir le tableau de la honte, exposé dans son atelier, rue de la Chaussée-d'Antin.

Ce séducteur spirituel et doué fréquente les milieux impressionnistes et d'avant-garde, même si son style pictural est plus proche du réalisme. Il a du « Parisien bon teint toute l'allure affable, la parole aisée et cordiale, l'œil vif avec regards de gavroche mais un gavroche homme du monde et mondain », précise Paul Uzanne. Grâce à son humour, sa vitalité et sa réputation de coureur de jupons, il se fait de nombreux amis : Forain, Boldini, Maupassant, Manet et Degas ; Zola s'inspirera de son personnage pour son peintre Fagerolles de *L'Œuvre* et Renoir le prend comme modèle pour l'un des danseurs du *Bal du Moulin de la Galette*.

Gervex peint de nombreux portraits de sa dulcinée. Le plus célèbre, d'un style quasi impressionniste, la montre avec une ombrelle bleue dans un jardin fleuri. Ce tableau (actuellement au musée d'Orsay) qui fait penser aux toiles de Monet représente pour Zola « une victoire de la peinture naturaliste ». La toile est exposée au Salon en 1879, puis présentée à nouveau dix ans plus tard, à l'Exposition Universelle de 1889. Gervex l'antidate, certainement par galanterie pour rajeunir la belle rousse qui supporte mal que l'on affiche son âge.

Une *Jeune fille lisant* (sans doute exposé en 1880 à Bordeaux sous le titre *Nana lisant*) montre Valtesse le sein nu et la chevelure dénouée tandis qu'elle prend, dans un autre portrait, les traits d'une Marie-Madeleine repentante. Certains critiques la reconnaissent aussi dans la jeune femme en bleu de *La Communion à l'église de la Trinité* (musée de Dijon) et s'amusent de la présence provocante d'une courtisane en vogue dans une église, mais « l'auteur a bien marqué le cachet mondain qui, aux heures élégantes, caractérise les dévotions à la mode », remarque Paul Mantz en 1877.

Celui que l'on surnomme « le peintre de la vie en redingote » commence donc à être connu grâce à l'affaire *Rolla* et obtient, en 1879, la commande d'un grand panneau décoratif pour la salle des mariages de la mairie du 19e arrondissement illustrant *Le Mariage civil* (toujours en place aujourd'hui). Le tableau provoque une polémique parce que le peintre n'a pas choisi, comme le veut la tradition, une scène antique : on y voit des contemporains, des gens très « smart », habillés à la dernière mode, ce qui exaspère le milieu de l'art officiel. Parmi eux, on reconnaît Manet de profil, Zola avec ses lorgnons, Léon Hennique, Gervex lui-même derrière la mariée et, seul personnage de face, regardant le peintre, Valtesse dans une belle robe bleue, son traditionnel bouquet de violettes à la main, qui discute avec un beau capitaine à moustache, son ami Richard O'Monroy, à moins que ce ne soit Maupassant. « Il faut bien moderniser les vieux motifs, reconnaît *L'Illustration* du 7 mai 1881. M. Gervex a si joliment modernisé le *Mariage civil* qu'il en a fait avec beaucoup de talent un mariage de théâtre. Tous les personnages sont d'aimables célibataires, de charmantes actrices ou des personnes qui protestent gaiement contre le mariage en divorcant le plus souvent possible. »

Scandaleux sans l'être trop, Henri Gervex est désormais reconnu comme un grand artiste. Toujours aussi amoureux, il écrit beaucoup à son horizontale adorée. Quand il part, en avril 1885, pour l'Italie avec le journaliste Georges Legrand et Guy de Maupassant, il lui donne régulièrement des nouvelles :

« ... Nous partirons de Rome après-demain soir. Grâce à Maupassant, nous sommes baladés dans une voiture de maître au Corso par un Bonaparte, le comte Primoli, qui est charmant. Il aime beaucoup les Français et il tient surtout à surprendre leurs défauts. Nous serons à Naples samedi matin 18 avril, nous y resterons trois ou quatre jours. Ecris-moi à Naples, poste restante. Je suis un peu souffrant, une bonne lettre me fera du bien, c'est un peu de soleil dans un pays bien triste. A bientôt chérie, je t'embrasse simplement comme autrefois. Gervex (Je n'ai trouvé que deux lettres à Venise). »

Pourtant, ses grands amis, le docteur Blanche et sa femme, qui tentent de le dissuader de fréquenter cette créature du demi-monde (« Vous devez en avoir marre de la Valtesse ! ») peuvent être satisfaits car, quelques mois plus tard, Rayon d'or le congédie. Son jeune peintre est désormais reconnu et ne l'amuse plus guère. La belle cruelle se lasse de tous ces amoureux transis. Gervex, désespéré, la supplie :

« Ma chère Valtesse,

« Je t'en prie, écris-moi un mot, ne me laisse pas dans une inquiétude semblable. Comment ma chérie, je ne te verrais plus, je ne t'embrasserais plus ! Mais c'est impossible. Qu'ai-je fait pour cela ? Une plaisanterie de mauvais goût oui, mais tu sais bien que nous étions tous à rire. Explique-moi seulement le vrai motif de ta colère. Enfin, dis quelque chose mais vois-tu parle et je serai heureux. Je t'embrasse et je pleure pour la première fois de ma vie. Adieu, au revoir plutôt. Une réponse je t'en supplie. Henri Gervex. »

Elle ne répondra pas. Elle est déjà ailleurs et le chagrin de son ex-amant ne l'émeut pas. Ne l'a-t-on pas surnommée « Altesse de la Guigne » après les sinistres suicides de plusieurs de ses amants ?

18

Les Arts incohérents

Ils resteront amis, bien sûr, et se verront souvent puisqu'ils font partie du même cercle. Valtesse aime trop les peintres pour les abandonner tout à fait. Elle leur ouvre toujours son salon et collectionne leurs œuvres. Entre style pompier et avant-garde son cœur balance, entre Detaille et Gervex, elle s'offre une large vision de la création de l'époque et préfère ne pas choisir. Mais à côté de ces deux voies picturales, une troisième naît, qui choisit la satire et la parodie et va jeter les bases de la peinture moderne, annonçant les dadaïstes et les surréalistes. Ce nouveau genre, baptisé les Arts incohérents, né d'une boutade, bouleverse le cadre classique de la création.

Le 13 juillet 1883, une explosion ravage la rue François-Miron. Pour aider les victimes, le jeune écrivain Jules Lévy décide d'organiser une kermesse de charité. C'est un ancien « hydropathe », de ce fameux club littéraire fondé en 1878 par Emile Goudeau pour présenter des œuvres de poètes, de comédiens, de musiciens et d'artistes variés devant un public d'amateurs éclairés, avec comme traits communs l'humour et l'amour des jeux de mots. En font partie Guy de Maupassant, Léon Hennique, Sarah Bernhardt, François Coppée... Le club des Hydropathes se divise vers 1881 en trois groupes, les Hirsutes, les Décadents et le Chat noir.

C'est donc deux ans plus tard que Jules Lévy organise sa vente de charité. Il fait signe à une poignée de copains, la plupart caricaturistes, et rassemble des œuvres destinées à être exposées sous le titre d'« Arts incohérents ». Bien décidée à s'amuser, la petite bande parodie le Salon officiel et, victime d'une panne d'électricité, fait visiter l'exposition à la lueur des bougies. Succès immédiat, tout cela est très « vlan » ! Lévy, encouragé par le succès, récidive selon des principes simples : exposition ouverte à tous, artistes ou non, sans tabou, « toutes les œuvres seront admises, les œuvres obscènes ou sérieuses exceptées », autorisant tous les supports et toutes les matières. Le bouche à oreille aidant, ils sont des centaines à se précipiter pour voir les délires des incohérents qui se dissimulent sous d'invraisemblables pseudonymes, Zut, Dada, Troulala, Zipette, Totor, K. Rabin, Zig-Zag ou Frim. Se moquant de la tradition du Salon officiel où les exposants indiquent leurs nom et lieu de naissance, les artistes s'affichent « né à Culpa », « élève des lapins », « élève de son propre talent ». Tous les délires sont permis, la *Vue de Paris* de Régamey est composée avec des jouets, petit ballon rouge collé sur la toile et coquilles de noix, le *Facteur rural* de Ferdinandus montre la véritable semelle d'un gros soulier ferré incrusté dans le panneau, prolongé par une jambe se perdant à l'horizon et finissant par un tout petit facteur vu de dos qui court ventre à terre...

D'un côté, les tenants de la peinture académique sont ravis que l'on se moque de la jeune garde artistique qu'ils trouvent décadente, de l'autre, les novateurs hurlent de rire que l'on ose enfin remettre en question le sacro-saint Salon officiel. Des peintres de tous les styles viennent s'y amuser de bon cœur, comme Toulouse-Lautrec, en se cachant derrière un pseudonyme. On se gausse des modes, notamment de la femme, omniprésente en cette fin du XIXe siècle, les cocottes en papier symbolisent les horizontales et Henri Gray dessine une femme-tronc accompagnée d'un soupir : « Que de soucis en moins si Dieu n'avait pas été plus loin ! »

Le mouvement prend une tournure plus sérieuse et inaugure sa première exposition officielle le 14 octobre 1883 devant une foule de mondains et demi-mondaines, actrices en vogue, militaires, artistes, journalistes et autres grands personnages du Tout-Paris. L'exposition qui restera dans les annales artistiques de la Ville lumière se termine par un « punch de dignation » en réaction au « meeting d'indignation » que viennent d'organiser les anarchistes. Alors que le mouvement refuse les courtisanes et la pornographie, l'« Union des peintres » bénéficie d'une faveur puisqu'elle participe à ce salon et s'amuse à peindre — certainement avec l'aide de Detaille — des *Lézards incohérents* exposés galerie Vivienne. La toile de Valtesse fait glousser le célèbre critique Fénéon, qui crée la même année *La Revue indépendante* : « Ces deux sauriens sont dans une position que ma plume ne saurait décrire sans se teindre d'un chaste vermillon. »

Le Charivari du 25 octobre 1883 reproduit rapidement les œuvres de l'exposition, mais cache celle de Valtesse derrière une feuille de vigne avec cette légende : « Posons sur l'œuvre de Mlle Valtesse le voile classique de la pudeur. » Mmm... Mais qu'est-ce donc ? Le catalogue de 1883 ayant disparu, le destin vient aider une fois de plus Rayon d'or à se parer de mystère...

S'il existe depuis longtemps en France une tradition de salons humoristiques, c'est la première fois que la caricature revendique le statut d'œuvre d'art. Dans les expositions des Arts incohérents, on passe de surprise en invention : une toile d'un mètre quatre-vingts de hauteur sur dix centimètres de large, en bas de laquelle un petit ver de terre se meurt d'amour pour une étoile qui brille dans la partie supérieure, une *Vénus des mille eaux* recouverte d'étiquettes d'eaux de source, un miroir devant lequel passe le public, portant le titre *Quelques spécimens des animaux embarqués par Noé dans son arche...*

Alphonse Allais, « né à Honfleur de parents français mais honnêtes, élève de l'Ecole Anormale Inférieure », expose une *Première communion de jeunes filles chlorotiques par un temps de neige* sur une feuille de bristol blanc et une *Récolte de tomates par des cardinaux apoplectiques au bord de la mer Rouge* sur une toile couverte de rouge. On voit aussi une peinture entièrement noire illustrant un *Combat de nègres pendant la nuit* ainsi qu'une *Nature non morte destinée à la casserole* de Colonna de Cesari et Langlois qui montre un couple à la terrasse d'un café. De la bouche du monsieur descend une ficelle qui tient un lapin vivant grignotant des carottes dans une cage.

Les incohérents peignent sur tout et n'importe quoi, sur chemise, haut-de-forme, marmite ou pot de chambre, ils font des aquarelles à la salive, des terres mal cuites, des portraits à l'huile de coco, des sculptures en fromage, des dessins à la mouchure de nez ou des bas-reliefs à l'ail et à l'huile pour salade frisée. L'autoportrait de Luigi Loir mêle tous les ingrédients : cire molle, drap, poil, bouton, émail, cuir, bois et carton.

C'est en 1885 que les bals incohérents vont attirer le plus de monde, entraînant pour le Mardi gras les Parisiens dans une farandole délirante. Valtesse et ses amis artistes dansent toute la nuit sous des pancartes, « La mélancolie n'entre pas ici », « Prière de ne pas cracher au plafond ». On se moque de la fascination de l'époque pour les décorations en distribuant les médailles de l'ordre des Incohérents : « Rosettes de toutes les couleurs (signe distinctif : cette décoration ne doit jamais être portée). Il n'y a pas de grades, car tous les incohérents sont égaux sous la douche. »

Et on se déguise dans les accoutrements les plus

loufoques : Mme Ballot tout en papier d'emballage, un missionnaire mangé par les sauvages, entouré de lard avec du cresson et une broche en travers du corps, un Bacchus doté d'un nez monumental qui s'allume...

Dans *Le Courrier français*, Jules Lévy explique la philosophie incohérente :

« La gaieté et l'esprit français ont été souillés par cette gente puante qui se subdivise en plusieurs catégories : les gommeux ou poisseux ou amincis ; les grues ou horizontales ou quart-mondaines ; les pornographes ou naturalistes ou réalistes. Il faut réhabiliter cette gloire nationale qu'on nomme l'esprit français (...). On fait maintenant profession d'ennui, l'ennui est à la mode et quoique l'ennui naquît un jour de l'Uniformité, l'Incohérence étant l'ennemie de l'Uniformité, cela n'empêche point l'ennui d'être la belle-mère de l'Incohérence. A qui la faute si l'on s'ennuie ? Aux gens intelligents et spirituels qui ont vu les endroits où ils avaient l'habitude de régner en maîtres envahis par un ramassis de gommeux bêtes et de filles publiques idiotes, les intelligents ont abandonné la place et restent chez eux maintenant et là, ils s'ennuient à loisir. Il faut réagir et les incohérents donnent le branle. La gaieté est le propre de l'homme, nom d'un petit bonhomme ! »

Le mouvement atteint la gloire en 1886, on ne parle plus que des Arts incohérents, on commence à s'inspirer de leur nom pour ouvrir des cafés, et — revers de la gloire — des critiques commencent à se faire entendre. Bref, l'affaire devient sérieuse, on n'est plus là pour s'amuser ! Alors Jules Lévy, assailli par les accusations et les jalousies, décide de saborder l'Incohérence. Le 16 avril 1887, un convoi funèbre passe dans les rues de Paris, mené par Lévy habillé en gazier Louis-XIII et accompagné par deux mille fêtards qui pleurent de rire, déguisés en salade japonaise, en fenêtre munie de tringles et de rideaux ou un rat en cage sur la tête.

Le mouvement tentera de resurgir un peu plus tard, mais vieilli, essoufflé, et agonisera lentement dans les prémices de la Belle Epoque qui invente ses propres plaisirs. Pourtant, les incohérents auront préparé le terrain de Dada — même si l'humour de ce dernier sera moins joyeux et plus agressif — et des surréalistes qui exploreront eux aussi tous les supports et formes d'expression.

Devenue incontournable dans le milieu artistique, Valtesse participe à ces fêtes burlesques et compte de nombreux amis parmi les incohérents, comme Henri Pille ou Harry Alis qui vient justement de publier un roman à clefs s'inspirant de notre belle rousse.

19

La Reine-Soleil

En 1884, Harry Alis — dont le vrai nom est Jules Hippolyte Percher — publie un roman à clefs sous le beau titre de *La Reine-Soleil, une fille de la glèbe*. Il brode autour de la vie de Valtesse en donnant de nombreux détails obtenus grâce aux indiscrétions de Léontine Godin, car « Léontine G... est brouillée mortellement avec son amie Valtesse », a-t-on appris récemment dans *Gil Blas*.

C'est donc l'histoire d'une jeune Savoyarde, Reine, qui part pour la capitale à quinze ans, avec sa valise recouverte d'une peau de sanglier, pour travailler chez Marcel, le fils des patrons de ses parents dont elle est amoureuse. Traitée sans ménagements, logée dans une chambre de bonne sans fenêtre, elle découvre avec horreur la mentalité parisienne et le cynisme des gens de la ville. Pour plaire à Marcel, elle économise afin de s'offrir quelques toilettes, elle soigne ses beaux cheveux blonds, écoute aux portes les discussions littéraires qu'il entretient avec ses amis, imite leurs manières, apprend leur façon de parler, s'exerce à écrire joliment et lit tout ce qu'elle peut trouver dans la bibliothèque de son patron. A travers cette littérature, Reine se forge une culture mais commence aussi à découvrir les cruautés de la vie et « ainsi toujours chaste de corps, elle devient d'esprit très corrompu ».

Au bout de dix-huit mois, Reine envoie une lettre anonyme au beau Marcel pour établir une correspondance intime. « Forte, chrysalide de merveilleuse courtisane, des semaines de travail et de volonté lui avaient permis d'écrire cette lettre. » Mais sa manœuvre est découverte et elle doit s'enfuir dans les rues de Paris. C'est alors qu'elle décide de devenir « une grande grue ». Elle traîne aux Folies-Bergère, y rencontre M. Amédée qui l'installe dans un appartement et qu'elle trompe rapidement avec un vaudelliste nommé Candy.

La « passion » d'Amédée l'ayant laissée vierge, « elle arrivait d'un seul coup au vice sans passer par l'amour ni même par le désir, sans rien éprouver presque. Ses sens, son cœur comme un serpent coupé en deux, cherchaient vainement à se réunir ». Elle finit par partir avec Candy et prend un appartement à son nom à Pigalle. Mais son amant est insatisfait :

« Il avait envie de crier les splendeurs sculpturales de sa maîtresse. Sa vanité souffrait alors que ses désirs étaient satisfaits. Ses tresses blondes qui, dénouées, couvraient leur couche d'une litière d'or, ces lignes délicates où l'œil exercé ne parvenait pas à découvrir un défaut, ces chairs auxquelles nulle caresse ne pouvait enlever leur fraîche et saine coloration, ce corps délicieux et désirable sans les artifices de la mode parisienne puis triomphant et tranquillement beau dans sa nudité. Il aurait fallu que tout le monde le connût pour envier son bonheur et lui donner la joie des avidités et des déceptions des autres. Une maîtresse est-elle adorable si autrui ne l'envie point ? »

Indifférente à ces états d'âme, Reine continue de se faire offrir meubles et objets, de rencontrer artistes, cabotins, gens de lettres, boursiers et autres amis de Candy. Ce dernier, « Parisien, quintessencié, vicié jusqu'à la moelle, sceptique, sans fondements ni préjugés », achève la formation cynique de Reine qui finit par le mettre à la porte pour renouer avec M. Amédée dont la fortune va fondre rapidement car « elle monte son ménage » : « Les demandes de la jeune femme étaient si raisonnables, si modérées, correspondant à des besoins si utiles qu'il n'osait refuser. »

Comme Isola, Reine impose une condition à son protecteur : la liberté. Elle va donc seule au théâtre, fréquente tout un cercle d'amis et ne rate aucune première, « tandis que les admirations et les désirs de l'orchestre montaient comme un encens vers ses cheveux blonds, insensible à ces puérilités, souvent elle murmurait " de l'argent, de l'argent, de l'argent... ". » Considérant les hommes comme des créatures grossières, elle utilise tous les stratagèmes pour jouer de leur naïveté et n'hésite pas, par exemple, à raconter à un dentiste ému qu'elle a besoin d'une pension pour soigner son petit garçon (imaginaire). Reine devient la favorite du « Young-Club » où le major Hatt joue pour elle et lui reverse consciencieusement ses gains hebdomadaires qu'elle place en valeurs sûres.

Sans jamais en parler à son protecteur, elle accumule ainsi les revenus, achète une maison de rapport et s'abonne à une revue financière pour trouver la grosse affaire qui fera sa fortune. C'est un financier amoureux qui lui en donnera l'occasion, en lui octroyant cinquante mille francs pour commencer à investir dans les nouveaux terrains du quartier de Monceau. Elle gagne des millions et se fait offrir un petit cadeau, un joli terrain pour y construire son hôtel particulier. La vie continue de lui sourire quand un soir, au cours d'une partie de bésigue, son vieux protecteur meurt d'une crise cardiaque. Bien qu'émue, elle se précipite pour vider son portefeuille et le fait aussitôt transporter chez lui en fiacre : « Au diable la morale ! Elle est froide, calme, intelligente. Elle a pris le meilleur moyen d'arriver. Si elle détruit, c'est pour amasser... le malheur des uns fait la fortune des autres : le triomphe est aux réfléchis ! »

Parvenue à la réussite qu'elle a tant désirée « par une

hauteur dédaigneuse, un mépris serein pour la “ valetaille ” » et le petit personnel, Reine inaugure son hôtel particulier et donne un grand souper où l'on rencontre son amant en titre, le célèbre peintre Souterre (sous-entendu Edouard Detaille), son amant de cœur le jeune peintre Morris (qui ressemble comme un frère à Henri Gervex) et son toujours fidèle ami Candy. Une soirée pleine de surprises au cours de laquelle Miss Nelson, une chanteuse superbe, arrive entièrement nue au milieu des convives pour leur proposer mille plaisirs contre cinquante louis.

Etonnant roman à clefs qui trace un portrait précis de Valtesse :

« La reine des filles d'or. Elle l'était par son corps superbe de paysanne saine de la santé des ancêtres et de l'enfance passée au grand air, par ses chairs admirablement fermes, par ses longs cheveux d'or, qui, dénoués, l'encadraient ainsi qu'un nimbe lumineux sur la blancheur des batistes et lui donnaient l'attirance des vierges mystiques. Elle était la première par son expérience, par sa volonté, qui jouait à son gré les sentiments et les sensations, par son intelligence cultivée, que développaient encore de continuelles lectures, par un jugement net découvrant les bassesses de tous, sondant les côtés faibles aux heures des abandons intimes. Plus encore, elle était la reine des filles par le sang-froid, le sens pratique qui lui donnaient les avidités, les prudences, les divinations de l'homme d'affaires le plus retors et lui enseignaient, comme une nécessité d'ailleurs de vraie grande dame. L'économie patiente qu'elle tenait du paysan, son père, devenait sa passion dominante et son appui solide ; elle l'agrandissait, la poussait à l'avarice, la conciliant merveilleusement avec les exigences de la Grande Vie (...).

« Pour Reine-Soleil, le peintre Souterre [Detaille], favori du hasard, officier de la Légion d'honneur à trente ans, s'épuisait en productions hâtives, acceptait des commandes quasi commerciales, des panoramas et des portraits. Il lui donnait cent mille francs par an, qu'elle touchait mensuellement avec une ponctualité de fonctionnaire et notait régulièrement sur ses livres. Entre plusieurs " de même chiffre ", elle l'avait choisi, le jugeant moins exigeant et plus prodigue. Le petit Morris [Gervex], autre peintre, moderniste celui-là, passait pour son amant de cœur. Non qu'elle l'aimât. Il l'amusait, simplement, et servait à aviver la jalousie des autres (...).

« Maintenant, on parlait couramment de Reine-Soleil dans les feuilles boulevardières. On la citait comme le type de la courtisane arrivée. Des reporters férus de littérature célébraient les splendeurs de son hôtel et son lit légendaire, qui était un autel véritable, orné de dentelles de Malines, élevé au milieu de gradins couverts de tapis faits d'après ses désirs, en imitations de mousse et lichen des bois, épais et moelleux plus que les carpettes d'Orient (...). Et elle avait, cette fille, un tel enchantement, elle savait si habilement maintenir l'équivoque par ses grands airs dédaigneux que Souterre, au courant de tout cela, vient habiter auprès d'elle, dans un hôtel incommode, par crainte de la perdre, affolé de son corps, éperdu de son esprit. »

« Un beau jour, elle s'avisa d'utiliser le petit Morris, dont l'improductivité lui pesait. Elle le présenta à ses amis, le fit connaître, exposa chez elle ses tableaux et les céda en remettant au peintre un prix dérisoire. Néanmoins, l'artiste ne tarda pas à être coté et il vendit de son côté. Alors, elle se fit payer par son protégé ses bouquets et ses voitures... »

On frémit devant un tel personnage mais, pour que la morale de l'histoire soit sauve, l'auteur introduit un soupçon d'humanité :

« Elle s'inquiétait à la fin de n'avoir jamais ressenti que par la pensée ces abandons qui transportent les autres femmes, ces spasmes qui tordaient les hommes dans son lit hospitalier et dont elle ignorait la réalité tout en les jouant en actrice sublime. Troublée un peu par ces désirs, elle s'éprit de sang-froid, par pure curiosité, de Miss Nelson puis de Mme de Strenitz. Ce fut encore une désillusion. »

En dernier recours, elle reprend contact avec le seul homme qu'elle ait aimé, Marcel, et passe avec lui une nuit décevante, « en proie à un mécontentement indéfini, elle murmure : “ Il est comme les autres ! ” et se prend à regretter vaguement cette nuit perdue et qui ne rapporte rien ».

C'est ainsi que se termine l'histoire de Reine-Soleil.

Si l'ouvrage d'Hippolyte Percher révèle cruellement le caractère de Valtesse, il n'en est pas moins excellent pour sa publicité ! On s'amuse à décoder les scènes, à reconnaître les personnages et à deviner cette diablesse qui n'est décidément pas une femme ordinaire. Les journaux passent quelques mois à offrir des « pistes » à leurs lecteurs. Le *Gil Blas*, qui ne rate jamais notre horizontale, en profite :

« Un de nos amis, grand diseur de “ ballades à la chair ” a été hier le héros d'un drame épouvantable et qui aurait pu avoir pour lui les conséquences les plus graves car il a pour femme la jalousie en personne.

« Notre ami s'était égaré avec une jolie demi-mondaine opulente, à la chevelure flavescente, dans le cabinet d'un cabaret des boulevards. A un moment donné, comme la jeune femme s'approchait de la cheminée pour se débarrasser des menus objets qu'elle avait à la main, le feu se communiqua à ses jupons de dentelles et sans la présence d'esprit de notre ami, il est probable que la malheureuse aurait été infailliblement brûlée. Elle en a été quitte, fort heureusement, pour une très légère brûlure au bas des jambes et pour la perte complète d'une toilette.

« Aussitôt remise de cette alerte, elle demanda, malgré le costume léger dans lequel elle se trouvait, à se mettre à table.

« Le repas fut des plus gais et ce n'est que lorsqu'il

touchait à sa fin que la femme de chambre qu'on avait envoyé chercher arriva avec une autre robe.

« Benoist, qui a servi le repas, me disait que jamais, au grand jamais, il n'avait vu d'aussi belles épaules que celles de cette fille qu'on a surnommée du nom du roman d'Harry Alis, la “ Reine-Soleil ”. »

Valtesse a obtenu tout ce qu'elle voulait : amants illustres, argent, diamants. Pour entretenir sa réputation d'élégance, elle passe des heures chez sa couturière ou dans les magasins. Car la fin du XIXe siècle marque la consécration de la mode française. Dans ce Paris sacré capitale la plus prestigieuse du monde avec ses deux Expositions Universelles de 1880 et de 1900, c'est le triomphe de la haute couture avec la naissance de maisons prestigieuses qui se concentrent autour de la rue de la Paix et de la place Vendôme : Lanvin, lance la mode enfantine et Paquin fait sa réputation grâce à ses fourrures précieuses et son fameux rouge, caractéristique du « grand style Paquin ». Pour faire connaître ses derniers modèles, Jeanne Paquin n'hésite pas à se rendre sur les champs de courses avec ses mannequins.

Valtesse mieux que personne sait trouver dans ces maisons les toilettes les plus extraordinaires, les robes de bal modernes qui lui permettent d'être toujours à la pointe de la mode et qui mettent en valeur son fameux port de reine.

Rayon d'or aime aussi découvrir les grands magasins ouvert un peu partout depuis le début du Second Empire, les très chics Nouveaux Magasins du Louvre, le Bon Marché, le Printemps, les Galeries Lafayette et la Belle Jardinière où elle achète les uniformes de ses domestiques. Ces immenses magasins spacieux et modernes sont révolutionnaires. Ils ne vendent que du neuf, proposent des modèles moins luxueux mais beaucoup moins chers, et permettent de comparer les vêtements, les ombrelles et les éventails, de toucher les tissus, d'essayer toute sortes de chapeaux et de gants. Là, Valtesse commande ses « sauts-de-lit », ses « matinées », ses « robes de chambre » qu'elle aime porter le matin et la « teagown », cette robe d'intérieur décontractée follement à la mode.

Notre « courtisane de haute futaie » ne suit pas la mode, elle la précède, elle est « in », et fait partie du « bout du bi du banc », comme on dit : c'est son métier, cet art de l'esbroufe et de la séduction qu'elle maîtrise si bien. Et en la matière, tout va si vite ! Après la mort annoncée de l'encombrante crinoline à l'initiative de l'impératrice Eugénie et du couturier Worth, les années 1880 sont celles de la chute de reins et de la croupe rebondie, tandis que les années 1890 se consacrent à la mise en valeur de la manche étroite et raffinée sur des robes plus sobres et près du corps. Elles introduisent la couleur dans les dessous féminins, ce qui choque les traditionalistes habitués au blanc imposé par le Second Empire et dont on a vu la réaction violente devant le tableau *Rolla* de Gervex et son corset rouge.

Car la lingerie féminine est essentielle par sa puissance de suggestion, sa sensualité, ce rituel de l'effeuillage long et difficile entre rubans, lacets, pantalons, chemises et jupons, bas et jarretière superposés qu'il faut défaire et retirer les uns après les autres ! Pour obtenir la fameuse silhouette à la mode, il faut s'emprisonner dans cet horrible corset qui est d'ailleurs devenu un sujet quasi politique. Avant-gardistes et médecins commencent à vouloir élargir le débat, quand les conservateurs s'obstinent sur cette servitude de la femme. « Compromettre sa santé n'est rien, c'est l'instinct, la nature du sexe charmant, plus encore sa volonté. La toilette des femmes a pour fin suprême l'attrait du sexe et ne se soucie de commodité », tranche Jules Lemaître.

Et quand Mlle Tylika, docteur en médecine, signale à tous ces messieurs que le corset est éprouvant, voire dangereux, le président du groupement de détail de la Chambre syndicale du corset, M. Léoty, lui répond par une vibrante lettre ouverte défendant le « corset, complice des reliefs heureux et retoucheur des fâcheuses défaillances... Le corset, à vrai dire, est un des signes par quoi se révèle et se répand la civilisation. Tous les peuples civilisés en connaissent et en préconisent la pratique. Et le premier soin de la femme désireuse de s'affranchir des coutumes barbares de la vie sauvage est de s'en procurer un ».

Difficile pour Valtesse de s'opposer à une telle vision des choses, puisque ses clients sont tous des adeptes du corset ! Comme les autres femmes, elle doit supporter le supplice des lacets dans le dos pour que les hommes aient le souffle coupé d'admiration. La belle rousse sait parfaitement mettre en valeur ses formes rondes et sa gorge laiteuse. Dans ses chroniques du *Gil Blas*, Richard O'Monroy ne se lasse pas d'admirer les charmes de Rayon d'or qu'il décrit à ses lecteurs :

« Ses cheveux rutilants qui mesurent 1,50 mètre, dorés comme le léger duvet fauve — capiteux en diable — qui ombre ses bras et ses jambes minces et longues, le grain satiné de sa peau de rousse, ses petits seins qui résistent aux plus folles fantaisies sans déchoir et son ventre plat, ses dents blanches comme celles d'un jeune chien, son oreille admirablement ourlée, ses mains un peu maigres, mais si aristocratiques, son pied cambré aux attaches si fines, ses lèvres sensuelles, son haleine exhalant une bonne odeur de dragée avec je ne sais quoi d'une épice enragée qui rend fou. »

Non content de ces détails, le journaliste indique ses mesures précises :

Largeur des poignets	0 m 12
Largeur du cou	0 m 24
Largeur de la taille	0 m 48
Largeur de la cuisse, en haut	0 m 56
en bas	0 m 46

Largeur du mollet, en haut	0 m 36
Largeur des chevilles	0 m 19
Largeur de la poitrine..	0 m 57 [1]

Et tandis que l'on détaille son anatomie comme une figure ethnologique, la belle Valtesse vaque à ses occupations mondaines. Chaque matin, vers 10 heures, Meldola vient lui apporter une larme de chocolat dans une petite tasse en porcelaine de Chine, puis la courtisane se rendort jusqu'à midi, quand arrive l'heure de la toilette du matin qui dure environ une heure. Après avoir parcouru la presse et les billets doux de ses soupirants, elle reçoit un ou deux amants avant de partir vers 17 heures faire le tour du lac en calèche pour traquer quelques potins et montrer son nouveau chapeau.

Elle rentre à 19 heures pour se changer avant d'aller dîner à La Maison d'or dont elle connaît bien le célèbre maître d'hôtel, Louis « menu, courbé, piteux, miteux, portant les plats comme diable en terre [2] » et qui, parmi ses clients, « a ses cocottes comme l'Egypte a ses sauterelles » selon le mot de Delvau. Elle y rencontre Alphonse Allais, Barbey d'Aurevilly ou Zola qui viennent y déguster la meilleure bouillabaisse de Paris.

Plus rarement, Rayon d'or soupe chez Bignon, boulevard des Italiens, dont elle n'apprécie pas les prix excessifs. Bignon a beau expliquer : « J'agis dans votre intérêt, je n'ai qu'un moyen de conserver à cette Maison son caractère d'intimité : c'est d'établir entre vous et le vulgaire une barrière infranchissable », les clients avalent souvent leur petite cuillère de surprise quand on leur apporte l'addition. Et quand Aurélien Scholl s'étonne : « Quoi ? 3 francs pour un hareng saur ? », Bignon réplique : « C'est à cause de l'odeur ! »

1. Auriant, *Les Lionnes du Second Empire, op. cit.*
2. Robert Courtine, *La Vie parisienne*, Perrin, 1984.

La reine des cocottes s'étourdit dans cette folle vie parisienne, valse au club des Braconniers et fait sensation au bal des Artistes avec ses tenues étonnantes, ses toges grecques et ses robes Directoire. Elle va souvent au théâtre, puis finit la soirée au Café Anglais avec un groupe d'amis, en ayant soin de réserver le « Grand Seize », ce vaste cabinet particulier pour fêtards de luxe. Le cuisinier, Adolphe Dugléré, a été surnommé par Rossini « le Mozart de la cuisine française », et le maître d'hôtel, Ernest, est parfait, connaissant tout le monde, les liaisons, ruptures ou chamailleries du moment, ce qui s'avère fort utile. Rendez-vous préféré des croqueuses de diamants et des viveurs, c'est une grande salle magnifique sous un plafond de papier rouge à hiéroglyphes d'or, où — comble de l'originalité — un petit train apporte les bouteilles près des tables.

Pour s'amuser Valtesse n'a que l'embarras du choix car la capitale s'est dotée d'un choix impressionnant de divertissements nouveaux. Elle adore écouter des monologues politiques ou littéraires, un genre créé par le poète Charles Cros qui fait fureur. Au point d'étonner *L'Illustration* qui, en 1881, s'interroge sur cette « véritable monologuomanie », « cet étrange divertissement intellectuel qui agit sur le cerveau comme le chatouillement sur la plante des pieds (...) Le monologue est à l'esprit ce que le saut de la carpe d'un clown est à la gymnastique hygiénique. C'est ahurissant plus que séduisant ».

Dans un autre style, le café-concert, qui a connu une carrière fulgurante après la guerre de 1870, fait naître un nouveau type d'établissement plus sophistiqué, qui annonce la grande époque du music-hall : les Folies-Bergère (1869), le Casino de Paris (1891) et l'Olympia (1893). Le Moulin-Rouge fait sensation avec sa succession de numéros et son grand éléphant en plâtre qui abrite pétomanes et danseuses du ventre. Le fameux « quadrille réaliste », baptisé par les Anglais « french cancan », devient célèbre dans le monde entier et attire les clients les plus prestigieux, comme le futur Edouard VII qui ne s'en lasse pas et frétille de joie sur son siège quand la Goulue l'interpelle, la tête sous les jupons.

Valtesse et ses amis passent aussi de joyeuses nuits dans le quartier de Montmartre, à l'ambiance plus bohème. Tavernes et cabarets s'y sont ouverts, tels le Rat mort ou le Divan japonais qui verra débuter Yvette Guilbert. Leurs décors, réalisés par des artistes, sont souvent pittoresques et c'est son ami le peintre militaire Henri Pille, qui a conçu l'Abbaye de Thélème dans un style moyenâgeux.

Il est de bon ton de finir la soirée au *Chat noir* où, parmi les bourgeois ravis de se faire houspiller par le célèbre et gouailleur Aristide Bruant, se cache parfois un grand-duc de Russie ou le prince de Galles.

Mais Valtesse apprécie particulièrement le numéro de « la pierreuse » au Bataclan. Elle se sent proche de cette actrice au destin curieux, arrêtée pour avoir crié « Vive Bonaparte ! » sur le passage du président Carnot en 1889. Emprisonnée à Saint-Lazare, elle y découvre le milieu des prostituées, s'imprègne de leurs coutumes, de leur jargon et de leurs habitudes. Elle leur achète leurs vêtements, qui vont constituer son costume de scène : jupe noire, corsage de jersey rouge et tablier de serge bleue. A sa sortie de prison, elle crée le personnage de « la pierreuse », fille du pavé soutenue par un marlou, qui va faire un malheur dans la rue et dans les cabarets. Un spectacle qui partira même en tournée en Europe, aux Etats-Unis et en Afrique du Nord !

Valtesse découvre aussi les premiers bars dits « américains » où les clients restent debout ou assis sur de hauts tabourets, et, toujours à la pointe du progrès assiste à l'une des premières séances de cinéma de Georges Méliès au théâtre Robert-Houdin, en septembre 1897.

Au nom du passé et des misères de son enfance, la courtisane fréquente parfois les fêtes de charité qui sont très à la mode. Les femmes du monde se découvrent une nouvelle vocation et étalent leur vertueuse générosité dans des kermesses organisées au profit des pauvres, pour les victimes d'une sécheresse en Algérie ou des innondations dans le sud de la France. Les actrices viennent faire leur numéro, les mondains y paradent dans une philanthropie qui ne leur coûte pas grand-chose et qui peut préfigurer la mode humanitaire actuelle. Les fins de siècle se suivent et se ressemblent parfois...

20

Amitiés saphiques

Cette étonnante comédie sociale entre viveurs, femmes du monde, artistes et cocottes annonce les bouleversements du XXe siècle, notamment en ce qui concerne la place de la femme. C'est l'époque des femmes libres et insolentes qui osent afficher leur mépris pour les hommes, et on voit apparaître une littérature féminine d'un genre nouveau qui préfigure la grande vague des Colette et Simone de Beauvoir.

A ce moment sont publiées — ou vont l'être — les œuvres d'Anna de Noailles, Renée Vivien, Lucie Delarue-Mardrus et Marie de Régnier, fille de José Maria de Heredia, qui signe sous le pseudonyme de Gérard d'Houville. Parmi ce groupe que Maurras appelle « le romantisme féminin », avec ses « quatre doux monstres à tête de femmes », Renée et Lucie sont des lesbiennes militantes qui décrivent leurs ébats amoureux avec une audace étonnante pour l'époque. Car le saphisme est à la mode dans toutes les classes de la société. Les jeunes bourgeoises et aristocrates découvrent les jeux polissons au couvent, les courtisanes « se reposent » de leur labeur dans les bras de leurs amies, les domestiques se distraient comme elles peuvent dans les chambres de bonne sous les toits qui offrent une promiscuité fort dangereuse et les ouvrières s'essaient à des jeux ambigus dans les ateliers, à cause des « inconvénients physiologique de la machine à coudre », se lamente A. Coffignon [1].

La littérature se délecte de ce sujet scandaleux et, pour la première fois dans l'histoire du saphisme, les adeptes de Lesbos publient des livres et racontent en détail des liaisons qu'elles viennent de vivre, du jamais vu ! Renée Vivien écrit et récite des poèmes pour son amante Nathalie Barney, cette dernière affirme dans *Eparpillements* que « la vie la plus belle est celle que l'on passe à se créer soi-même, non à procréer », Andréa Weiss affiche ses goûts dans *Paris était une femme*, Violet Trefusis publie *Echo*, Lucie Delarue-Mardrus signe *Nos secrètes amours* et Djuna Barnes *Le Bois de la nuit*.

Valtesse fait partie de la mouvance. Parmi ses maîtresses, sa préférée est Liane de Pougy, qui sort *L'Insaisissable*, en 1900, et crée l'événement. Un an plus tard, Liane va encore plus loin avec *Idylle saphique*, considéré comme la bible de Lesbos, vantant la douceur féminine, les rondeurs du corps, le plaisir des baisers et des caresses qui s'opposent à la brutalité masculine. Ces messieurs n'en reviennent pas ! Cette boulimie littéraire annonce l'âge d'or des lesbiennes, entre 1900 et 1940, lorsque Américaines et Anglaises fuiront leurs pays puritains pour se réfugier à Paris, capitale de la tolérance, et y vivre librement leurs amours : Gertrude Stein, Alice Toklas, Romaine Brooks, Dolly White, Sylvia Beach, Thelma Wood, Janet Flanner, Mina Loy...

« 1900 est indulgent pour Lesbos. L'époque y trouve un aphrodisiaque sans danger et son culte de la femme n'en est pas atteint au contraire. [2] »

Les lesbiennes sont à la mode, les rumeurs les plus folles courent sur les unes et les autres. On raconte même des

1. A. Coffignon, *La Corruption à Paris, op. cit.*
2. A. Lanoux, *Amours*, 1900.

indiscrétions sur l'impératrice Eugénie ! Délaissée par son mari, infidèle mais très jaloux, on ne lui connaissait pas d'amant quand elle régnait sur la France, à part deux coups de cœur pour l'officier des Varannes, aussitôt exilé aux Antilles, et le diplomate grec Callerghi, rapidement renvoyé à Athènes. Mais plus qu'aucune autre souveraine, Eugénie aimait s'entourer de femmes : « C'étaient les furets du Palais, elles voyaient tout, savaient tout et ce qu'elles ne savaient pas, elles le devinaient (...) Leur première qualité était d'être jolie, leur seconde qualité était d'être les humbles et délicates servantes de leur maîtresse [1]. »

Ce groupe de toute beauté est immortalisé par le tableau de Winterhalter : *L'Impératrice Eugénie et ses dames d'honneur*, baptisé par les mauvaises langues « Le tableau des grisettes ».

Selon un pamphlet signé « Le Pilori », édité en Belgique pour éviter la censure, c'est Mme de Contades qui aurait initié l'Impératrice aux délices saphiques afin de l'éloigner de son amant, M. de Fleury, qui faisait les yeux doux à Sa Majesté. Un soir, les deux femmes se seraient déguisées à la mode Sapho, tunique grecque et sandales, pour passer la nuit ensemble. « Depuis, raconte le libelle, l'Impératrice préfère à M. de Fleury la marquise qui l'a initiée à de si doux mystères. » Mme de Contades étant revenue vers Fleury, « l'Impératrice a adopté pour instrument de ses plaisirs une jeune dame de la cour, d'une beauté antique ».

Un pamphlet à prendre avec précaution quant à sa vérité historique mais révélateur des soupçons qui commencent à peser sur bien des femmes, parfois les plus puissantes, dès le Second Empire. A cette époque « le vice à la mode est l'amour lesbien », avoue Marguerite Bellanger, la dernière maîtresse de Napoléon III, dans ses *Confessions*.

1. Th. René-Lafarge, *L'Impératrice Eugénie et ses dames d'honneur*, 1938.

« Ce fut la grande époque de l'amour lesbien. Les femmes pour leurs maîtresses négligèrent leurs maris : que de ménages rompus ! Mais qu'importait à ces femelles hystériques, hallucinées, pâmées dans les bras de leurs amantes ? N'oubliaient-elles pas et maris et enfants ? On m'accusera peut-être de vouloir à tout prix et pour rehausser les courtisanes, raconter des propos délibérés, des scandales qui ne furent que l'exception. Oh, grands dieux non ! Ces scandales couraient les rues, encombraient les faits divers de tous les journaux ! »

Horace de Viel-Castel reconnaît dans ses *Mémoires sur le règne de Napoléon III* que les hommes parlaient entre eux « des progrès que faisait la tribaderie parmi les femmes, et loin de nous en étonner, nous les comprenions et nous les attribuions en grande partie à la grossièreté des hommes qui apportent en général peu de délicatesse dans leurs relations avec les femmes ».

Trente ans plus tard, les mœurs sont beaucoup plus débridées et les lesbiennes osent avouer leurs fantasmes ! Cela devient même une forme de militantisme pour défendre leur droit et leur liberté d'aimer, un nouveau combat contre la société machiste et ses injustices. Valtesse n'échappe pas au phénomène. Elle aime retrouver des amies qui lui ressemblent, qui ont connu les mêmes blessures de la vie, ont vécu les mêmes années de galère et doivent supporter les hommes, car « l'homme c'est l'ennemi. L'homme descend du singe et la femme des anges », argumente Liane de Pougy.

La plupart des courtisanes sont tentées par le saphisme pour se changer les idées. « Quant aux autres femmes, il arrive souvent que l'hétaïre les aime sensuellement, explique Simone de Beauvoir dans *Le Deuxième Sexe*, ennemie des hommes qui lui imposent leur domination, elle trouvera dans les bras d'une amie à la fois un voluptueux repos et une revanche. »

Anna Deslion n'hésite pas, comme le raconte Arsène Houssaye, à inviter ses amis à assister à ses ébats avec son amie « Juliette la jolie », et Léonide Leblanc avouait : « Si j'ai joué souvent la comédie avec les femmes, les femmes l'ont encore plus souvent jouée avec moi [1]. »

Valtesse va très souvent au Hanneton — une brasserie de Pigalle où les hommes ne sont pas bien vus — pour y participer à de folles nuits réunissant Louise Michel, dite « la Vierge rouge », Renée Vivien, Nathalie Barney et autres « broute-minou », comme les appellent les viveurs. Parmi elles se trouve l'actrice Emilienne d'Alençon, superbe créature aux yeux en amande et au décolleté vertigineux, grande ruineuse d'aristocrates qui explique en toute simplicité : « Si tu couches avec un bourgeois, tu es une putain. Si tu couches avec un roi, tu es une favorite. La nuance est sensible et l'expression plus jolie. »

Emilienne s'est fait offrir un magnifique hôtel particulier avenue Victor-Hugo par Jacques Hennessy, dont on dit qu'il est à la tête d'autant de millions de francs-or que son réputé cognac compte de degrés en alcool. Elle y organise des fêtes somptueuses où Valtesse est toujours présente et, lorsque les invités partent au petit matin, elles restent toutes les deux tête à tête pour prolonger la fête. Valtesse l'initie aux plaisirs saphiques et l'élève finit par dépasser le maître ! Emilienne accumule les maîtresses, et non des moindres, Renée Vivien ou Liane de Pougy.

Mais c'est cette dernière que notre rousse va particulièrement prendre sous son aile. Cette ravissante provinciale devient rapidement une « horizontale de grande marque » selon le *Gil Blas*, débutant comme le veut la tradition au théâtre où Sarah Bernhardt lui fait ses recommandations : « N'ouvre pas la bouche, contente-toi de te montrer, tu es suffisamment belle pour cela. »

1. Dans *La Petite Comédie de l'amour*, 1865.

21

Liane de Pougy

La jeune femme débute à Paris chez une amie qui habite au 34, rue de Chazelles, à quelques minutes du 98, boulevard Malesherbes. Avec Valtesse, elles se rencontrent comme n'importe quelles voisines de quartier et se lient d'une amitié profonde qui durera jusqu'au décès de son mentor.

« La mort de cette charmante femme, écrit Liane dans *Mes cahiers bleus*, a laissé un trou dans mon existence que personne n'a pu encore combler. Elle aurait souffert de ce qu'on appelle le progrès, c'est-à-dire la tendance à accepter et à excuser les mauvais procédés. Elle aurait souffert mais n'en aurait rien laissé voir. Elle était mesurée, contenue, renfermée. Très belle, sensuelle et intelligente, faisant une place bien séparée dans sa vie aux plaisirs du corps et à ceux de l'esprit. Jamais elle ne m'a dit qu'elle avait une fille et cependant nous fûmes amies aux dernières limites... permises et défendues. J'étais rosse. Un jour, je menai Flossie [Nathalie Barney] chez elle et, enfermée à clef dans une chambre, seule avec Valtesse, je ne lui refusai rien, très amusée à l'idée que derrière la porte, Flossie attendait, se doutait et souffrait. Comme aujourd'hui je me sens loin de celle qui, en moi, fomentait ces sottes petites canailleries ! Valtesse, si fière, si orgueilleuse, dont la devise s'étalait superbement, “ Ego ”, et qui me disait : je suis courtisane et j’accomplis mon métier avec tant de plaisir ! »

C’est ce métier de courtisane que Valtesse va apprendre à Liane. Celle qui a formidablement réussi sa carrière de dégrafée, devient un modèle pour sa cadette. Celle-ci l’admirera toute sa vie, l’appelle sa « protectrice » et trouve en elle sa plus intime confidente, la grande sœur avec laquelle on traverse les bons et les mauvais moments de la vie. Rayon d’or prend en main l’éducation de cette ravissante créature à l’avenir prometteur et lui évite les débuts difficiles dans les maisons de rendez-vous. Elle lui enseigne l’essentiel : se montrer, toujours et partout ; faire payer, toujours et pour tout. Elle lui fait changer son nom d’Anne-Marie Chassaigne en Liane de Pougy, beaucoup plus sexy, et lui explique l’art de la séduction, les pratiques que les étrangers appellent « parisiennes », les spécialités qui paient bien quand on n’hésite pas à prendre le fouet. Elle lui apprend l’élégance, les poses, les minauderies et toutes ces façons de rendre un homme fou de désir, les faux-semblants et les soupirs qui permettent de satisfaire le client. Mais Valtesse impose à son élève les rigueurs d’une véritable professionnelle : ne pas perdre son temps, ne pas gaspiller son capital, exiger les prix les plus forts et mettre de l’argent de côté. Avec une tendresse étonnante de sa part, elle la guide, l’accompagne dans ses débuts et n’hésite pas à la gronder quand elle l’estime nécessaire : « Comment ? Il a vu tes jambes et il n’a pas payé ? Il faut qu’il paie [1] ! »

C’est Valtesse qui la poussera à refuser d’être logée chez les entreteneurs, fût-ce dans des demeures somptueuses, et à s’acheter son propre hôtel particulier où elle sera libre de vivre comme elle l’entend. La belle rousse lui donne les conseils qu’elle a reçus de ses aînées à ses débuts au théâtre :

1. Jean Chalon, *Liane de Pougy*, Flammarion, 1994.

économise ton argent, travaille sans relâche, ne te laisse pas griser par le présent si tu veux préserver ton avenir.

Un jour, elles se promènent toutes les deux dans Paris, raconte Jean Chalon [1], et rencontrent une mendiante ivre qui reconnaît Valtesse. C'est une ancienne lorette qui a mal maîtrisé les difficultés de l'existence. L'art de la courtisanerie est un travail de tous les jours.

Valtesse apprend à Liane l'importance du décor qui frappe l'imagination des clients, toujours si impressionnables... Comme son aînée, Liane installe une mise en scène théâtrale dans son hôtel particulier, avec un grand escalier où elle fait de sublimes apparitions sur fond de tapisserie des Gobelins. Elle fait fabriquer elle aussi un lit délirant, recouvert d'une peau d'ours blanc et de dentelles, qui trône sur une estrade au milieu de la chambre.

Liane évoque dans ses *Cahiers bleus* le fameux lit de son aînée :

« J'ai souvent couché dans ce lit très large [de Valtesse], monté sur une marche et entouré d'une grille. Lorsque j'allais passer quelques jours chez Valtesse, j'avais ma chambre et un confortable cabinet de toilette mais, le matin, c'était la coutume de venir prendre son petit déjeuner dans le lit de " Mie d'or ". On devisait gaiement, tendrement, on laissait souvent passer l'heure. Elle vous conseillait, vous faisait parler et gardait ses secrets ! Dire que je n'ai jamais su qu'elle avait une fille ! Elle en a même eu deux. »

Dans *Idylle saphique*, Valtesse devient Altesse. Le portrait qu'en fait Liane témoigne de son admiration :

« Courtisane et femme d'esprit éminemment supérieur (...) Altesse était alors dans toute sa splendeur, à cet âge où Balzac a su faire universellement apprécier les charmes épanouis de la femme faite. Sa longue chevelure de la nuance ardente, aux rouges reflets striés d'or du pelage des fauves,

1. *Ibid.*

avait été immortalisée dans un roman sensationnel : *La Belle aux Cheveux roux.* Ses yeux étaient bleus, très clairs, brillant d'un éclat incomparable... et sa petite bouche finement arquée, d'ironie spirituelle, faisait penser à la Joconde de Léonard de Vinci. Elle avait un visage pensif et résolu, une beauté régulière et froide qui confirmait les vers du poète :

Je hais le mouvement qui déplace les lignes,
Et jamais je ne pleure et jamais je ne ris [1].

« Douée d'une intelligence rare, ainsi que d'une grande force de caractère et de volonté, séduisante à l'excès, Altesse était parvenue très jeune à une haute situation dans la galanterie parisienne. Entourée d'un luxe inouï, elle vivait froidement la vie de courtisane. Paris s'occupait beaucoup d'elle, on citait ses moindres actes, on répétait ses mots d'esprit : “ Vous descendez de tel illustre ancêtre, disait-elle un jour à une grande dame déchue, la princesse Koniarowska, qui avait le mauvais goût de poser avec affectation pour sa noble naissance. Eh bien moi, je monte de tel et tel, voilà ! ”

« Sa devise était : Ego, et cela la résumait toute, altière, altesse et sans faiblesse.

« Un certain jour qu'on lui présentait la feuille de recensement, elle vit que chaque demi-mondaine avait timidement signé : qui rentière, qui propriétaire, à l'endroit indiqué pour la profession. Impudiquement, elle étala ce simple mot : courtisane.

« Sa position exceptionnelle la distinguait des autres et la plaçait au-dessus de la foule. De suite, elle affectionna tout particulièrement Annhine [Liane] et presque chaque jour, à l'heure où la toilette du soir isole les élégantes et les mondaines, vers six heures et demie, Altesse venait bavarder un

1. Baudelaire, *Les Fleurs du mal.*

peu avec son amie préférée. Elles échangeaient leurs confidences, leurs impressions, se demandaient mutuellement conseil, et même souvent prolongeaient leur causerie jusqu'après le dîner ou le théâtre. »

Tous les préceptes que Rayon d'or a enseignés à Liane se trouvent dans la tirade de Tesse, dans *Idylle saphique* :

« Une courtisane ne doit jamais pleurer, ne doit jamais souffrir. Une courtisane n'a pas le droit d'être et de sentir ainsi qu'une autre femme ! Elle doit étouffer toute espèce de sentimentalité et jouer une comédie héroïque et continue, afin de consacrer sa vie, sa jeunesse surtout aux rires, aux joies, à toutes les jouissances ! Regarde-moi, j'ai une âme de fer, inflexible, je ne veux de la Vie que le Beau et le plaisir, je ne suis pas d'humeur à supporter le moindre obstacle sur ma route... (...)

« Ne sois donc pas sensible, Nhinette [Liane], lutte, tu damneras ainsi que moi. Rien ne peut facilement m'atteindre, et le jour où je ne serai plus la très forte, car tout arrive, eh bien, ce jour-là, je me briserai en miettes et tout sera fini (...) Je suis heureuse parce que je le veux, parce que le jour où je me suis faite courtisane, j'ai rayé de ma vie tout souvenir, toute attache, la moindre obligation, j'ai abdiqué ce qu'on appelle de la sensibilité d'âme. Pour moi il n'existe plus de devoirs ni aucune responsabilité qu'envers moi-même et mon désir ! Quelle indépendance, quelle enivrante liberté ! Annhine [Liane], songe un peu : plus de principes, plus de morale, plus de religion...

« Une courtisane peut tout faire sans voiles, sans grimaces ni hypocrisie, sans craindre le moindre reproche ou blâme, car rien ne la touche ! Elle est en dehors de la Société et de ses mesquineries. Montrée du doigt ? Peut-être autrefois, mais plus de nos jours ! Rebelle victorieuse ! Fi de la Dame aux Camélias, et vivent les Aspasie et les Imperia ! Allons, petite courtisane de pâte tendre, ramène à terre la folle du logis qui chez toi s'égare et t'entraîne. N'astu pas de l'or dans tes cheveux ? Dans tes coffres ? Et l'or c'est notre Soleil à nous... soleil adorable et tout-puissant que nous pouvons fixer ou répandre à notre gré ! »

Comme Liane suit ceux de Valtesse, Nhine écoute les conseils d'Altesse :

« Il y a toi, toi que j'aime, lui dit Altesse, toi dont l'imagination un peu folle et énamourée d'irréel a besoin d'être ramenée doucement à la vision simple des choses et je veux t'y aider. Il faut faire ta vie, assurer ta fortune pour être indépendante et choisir ceux ou celles qui devront embellir ton existence sans qu'il te soit nécessaire de marchander. La fortune, Nhinon, c'est pour nous, courtisanes modernes, l'affranchissement, la supériorité, le droit à tout, même à la considération si nous y tenons ! Tout s'achète ! La courtisane se donne ou se vend sans avoir besoin de s'abriter derrière une étiquette de formalités ou l'achat d'un nom. Ainsi qu'Aspasie, qu'Imperia que j'aime à te citer, restent debout, idoles aux pieds desquelles tous déposent leurs hommages et leurs offrandes : qui son talent, qui sa fortune, qui son esprit, qui sa gaieté. (...) Tous viennent à nous et nous devons rendre chacun heureux. Nhine, c'est le sublime autel de l'Amour, roi du Monde ! »

Pourtant, une fêlure apparaît dans le personnage d'Altesse. Et, quand Anhinne lui demande pourquoi elle a parfois un regard triste, elle répond :

« Oh ! cela c'est différent. J'ai un vilain défaut : l'orgueil ! Et j'ai été blessée ! J'ai senti une épingle s'enfoncer lentement, cruellement dans mon cœur. Une épingle, c'est peu de chose et pourtant ma vie s'échappa goutte à goutte par cette infime blessure. »

Belle déclaration d'amour que celle de Liane à travers ses écrits ! Pourtant, on imagine l'ambiance entre toutes ces bisexuelles dont le corps est le lieu de travail, « au doigt mais pas à l'œil » selon l'expression de Sacha Guitry...

Vacheries et caprices, concurrence et jalousie égrennent leurs soirées.

Quand la jeune et ravissante Nathalie Barney a un coup de foudre pour Liane de Pougy et lui envoie des messages enflammés « de la part d'une étrangère qui souhaiterait ne plus l'être pour vous », elle ne se doute pas du traquenard qui l'attend et que raconte Richard Balducci [1].

Liane veut s'amuser de cette jeune écervelée et l'invite chez elle, mais c'est Valtesse qui l'accueille en déshabillé vaporeux :

« Je suis Valtesse de la Bigne, conseillère en galanterie de Mlle de Pougy. Je suis chargée de tester toutes celles qui désirent coucher avec ma maîtresse et de leur donner une note appréciative. »

Derrière un œil-de-bœuf, la belle Liane se délecte de la scène et voit Valtesse bousculer la jeune Américaine sur une bergère. « Tâte ces bras, ce sont les plus beaux bras de Paris ! » Horrifiée, cette dernière se relève et commence à insulter notre rousse qui en a vu d'autres et la traite d'aguicheuse et de « cul-pincé ». Il faut que Liane intervienne pour éviter le crêpage de chignon. Nathalie et Liane se reverront le lendemain, seules, pour commencer une liaison passionnée...

Valtesse sera la première à lui reprocher ses amours avec Nathalie Barney et les nuits entières passées avec elle alors qu'elle pourrait les rentabiliser autrement. En 1900, Liane de Pougy envoie une lettre de rupture à la belle Américaine, depuis le Portugal où elle séjourne avec l'un de ses amants, le duc d'Oporto, et Valtesse. Cette dernière ne doit pas être étrangère à la fin de l'idylle. Cependant, ses arguments ne sont pas assez persuasifs, puisque Liane retrouvera Nathalie plus tard, remarque Jean Chalon.

1. *Les Princesses de Paris*, éd. Hors Collection.

22

Les douceurs de Monaco

Valtesse s'amuse, intrigue et s'offre tous ses caprices. Ainsi, elle s'achète une voiture. Alors que l'ouverture du premier salon automobile sur l'esplanade des Invalides créé l'événement le 13 juin 1898, elle investit dans une demi-limousine Charron-Girardot 18 HP, 4 cylindres, de couleur bleue bien sûr et garnie de cuir beige à l'intérieur. Puis, elle acquiert une Renault 8 HP monocylindrique De Dion-Bouton. Valtesse veut toujours avoir une longueur d'avance !

La voiture révolutionne les mœurs et crée un nouvel art de vivre. On se « transporte » sur la côte normande, les dames encapuchonnées dans de longs manteaux et portant des couvre-chefs à « pare-brise » en mica pour se protéger le visage de la poussière, tandis que les messieurs s'enfouissent dans de lourdes vestes en fourrure, mettent sur leurs genoux de chaudes couvertures de laine et portent d'épaisses lunettes et des gants de fourrure de chien qui leur donnent des allures cocasses.

Bien que ces grosses machines affolent certains piétons, le progrès est en marche et fonce vers l'avenir à toute allure. En 1899, Panhard et Levassor avertit ses clients que ses voitures ont une petite, une moyenne et une grande vitesse qui peut atteindre 17 km/h, mais que « ces grandes vitesses exigent de la part du conducteur une grande attention et ne sont pas toujours à conseiller ».

Mais comment rester prudent quand, un an plus tard, le président de la République lui-même, Emile Loubet, descend les Champs-Elysées à 30 km/h ?

Grâce à ces nouvelles machines et au chemin de fer, Valtesse prend le large chaque hiver sur la Côte d'Azur dans sa villa de Monte-Carlo, construite en 1890. Si la Côte d'Azur a commencé à attirer les Parisiens dès les années 1860, après le rattachement de Nice à la France, c'est surtout après le séjour de la reine Victoria, en avril 1895, qu'ils se précipiteront à Nice, la « grande ville de plaisir du littoral ». Toujours soucieuse d'être à la pointe de la mode, Valtesse avait envoyé son ancien amant Henri Gervex prospecter du côté de Sainte-Maxime et de Fréjus à la recherche du lieu idéal où elle pourrait édifier une villa digne de son image. En 1886, Gervex lui envoie son rapport :

« J'ai des renseignements sur les Issambres et sur Rochebrune. Ils sont mauvais. D'abord Rochebrune est à une heure et demie de Cannes en chemin de fer, ensuite le pays ne paraît pas vouloir prendre du tout la tournure d'un endroit qui est destiné à être à la mode, c'est loin de tout et très désert (...) voyons la vie bien en face, pour moi elle ressemble à cette mer furieuse qui lutte avec rage contre les rochers et en enlève de temps en temps une parcelle et les rochers sont blanchis par l'écume, c'est comme nous. (...) Ecris-moi souvent, aime-moi un peu et dorlote-moi bien dans tes lettres. Pauvre Gelotte, je crains bien que ce soit une mauvaise affaire. Si tu as besoin de moi, profite du temps que j'ai encore à passer ici car j'espère bien revenir bientôt t'embrasser et te dire combien j'ai souffert dans cet endroit que l'on appelle une ville d'hiver (...) je guette les beaux jours pour porter ma toile en plein air comme autrefois, mais hélas ! dans ce temps-là c'était plus gai et nous nous aimions. Gervex. »

Le Tout-Paris se retrouve sur la Côte et Gervex, toujours aussi amoureux, alimente la curiosité de Valtesse, tout en continuant de se lamenter :

« Tu as bien raison de me dire en effet que tu me prends quelques minutes de joie car je ne m'amuse pas énormément quoique je fasse partie du monde où il est convenu de s'amuser et je te donne généreusement en pensant à toi les seuls moments agréables de mon séjour à Cannes. (...) Mme Legrand [Marie Clothilde de Faret, comtesse de Fournès, épouse de Gaston Legrand dont le portrait par Gervex est exposé au Salon des artistes français de 1887] continue à rendre des visites, à en recevoir et à porter des cartes chez toutes les personnes bien nées qui habitent Cannes. Elle a fort à faire car c'est la pépinière du vieux Faubourg et je te jure que les potins marchent ferme. Une telle est de bonne famille anglaise, oui, mais une telle est bien mieux née. Il y a toujours dans quelque coin du salon une vieille Altesse royale déchue qui traîne comme un vieux mouchoir brodé. Celle-ci a eu sa fortune prise par les Bonaparte, celle-là a été ruiné *(sic)* par la Révolution mais néanmoins la petite noblesse continue à se rengorger et les femmes se baissent plus ou moins gracieusement en tendant le derrière dès qu'un Prince passe.

« Le grand-duc [illisible] viendra dîner jeudi chez Mme Legrand, cette fois-ci c'est une Altesse régnante, c'est encore plus chic. Le dîner a été organisé pour faire voir le portrait à la Grande-Duchesse. Ces Allemands font beaucoup de frais pour les Français, c'est sans doute pour mieux nous convaincre et nous demander un jour de leur céder gentiment un petit morceau de territoire, moi si ils veulent je leur céderais bien un petit morceau de peinture pour la forte somme. L'argent n'a pas d'odeur ou plutôt l'argent d'un ennemi est toujours bon !

« [T'embrasse bien et te remercie beaucoup pour ta bonne lettre pleine de bons souvenirs de notre vie intime] Gervex. »

A défaut d'amour, l'amitié leur donne rendez-vous à Monaco où de nombreuses courtisanes se retrouvent sur un terrain de chasse formidable qui concentre les plus grandes fortunes entre janvier et avril pour un hiver de fête et de jeu au casino. L'amie de Valtesse, Blanche Duvernoy, la reçoit dans sa villa de Villefranche, Liane de Pougy s'offre la Perle blanche à Menton et Margot de Gevers se fait construire la Villa Esmeralda, « un bijou d'architecture gothique, ciselé dans le rocher, au milieu d'un jardin en terrasse, dominant tout le plateau de Monte-Carlo », décrit avec admiration le *Gil Blas*.

C'est juste à côté, avenue Monte-Carlo (actuellement avenue d'Ostende), sur la Corniche, que Valtesse bâtit la Villa des Aigles. Immense et luxueuse « villa de marbre et de blancheur », pourvue de grandes salles de réception donnant sur la mer avec des successions de colonnes et de grandes portes vitrées. Un magnifique aigle en bronze plane au-dessus de la grille d'entrée, en souvenir de ses amitiés bonapartistes. Elle y reçoit ses amis de Paris, y organise des fêtes brillantes. On boit le café sur la terrasse, face à la mer, on fume des cigarettes en papotant sous le ciel bleu avant d'aller dans les salons de jeux pour rivaliser d'élégance et de débauche financière.

Toutes ces dames adorent jouer l'argent des autres, Otéro « n'a pas sa pareille pour soulager les joueurs de leurs gains et les consoler de leur peine ». Toujours aussi provocante, elle se pavane, couverte de bijoux, quand, un soir de 1899, sa rivale Liane de Pougy entre au casino dans une robe blanche toute simple ornée d'une seule rose, suivie de sa femme de chambre dont la robe disparaît sous les innombrables bijoux de la belle courtisane. Folle furieuse,

Otéro disparaît et se fera voler un de ses amants par Liane dans les jours qui suivent.

Pour se faire remarquer, tous les moyens sont bons et l'amante de Valtesse, Emilienne d'Alençon n'hésite pas à se promener avec deux lapins roses en laisse, qu'elle confie au vestiaire. Le monde du jeu prend un telle importance que le directeur du casino, Camille Blanc, finit par créer, en 1899, dans les anciens salons de lecture un cercle privé n'acceptant que les plus grandes fortunes, après minuit, quand les autres salles du rez-de-chaussée sont fermées.

La vie sur la Côte est bien agréable, on joue gros, on va à l'Opéra où se produisent de grandes vedettes, Litvine, Tamago ou la Patti, on boit une absinthe au Café de Paris, reconstruit en 1897 dans un style flamboyant, et on ne rate pas les célèbres batailles de fleurs de Nice qui époustouflent les foules avec des centaines d'équipages somptueux défilant devant la tribune. La première bataille de fleurs s'est déroulée le 2 mars 1896, sous la présidence du grand-duc de Russie Georges, dans un luxe inouï, toute la ville était pavoisée et les sols jonchés de fleurs. Fêtes de Mardi gras, rallye Marseille-Monte-Carlo, concours d'élégance auxquels participent tous les grands couturiers, Paquin, Worth ou Jeanne Lanvin, soirées magnifiques et dîners mondains... les jours s'écoulent joyeusement dans une débauche de luxe et de futilité.

Valtesse aime se promener au fameux marché aux herbes où l'on apprend toujous les derniers potins de la vie monégasque et va parfois prendre un bain de mer — c'est du plus grand chic — dans une de ces nouvelles tenues qu'adorent les Parisiennes, corsage en toile de coton et culotte bouffante serrée sous le genou.

La courtisane apprécie l'ambiance insouciante du Sud qui lui fait oublier les embarras de Paris. Car la capitale vit des heures difficiles en cette fin de siècle ! Grèves, troubles sociaux, affaire Dreyfus, attentats anarchistes... la ville des lumières est assombrie par les problèmes politiques. Etonnamment, le mouvement anarchiste fascine les nantis et les intellectuels. *Le Mercure de France* ouvre ses colonnes à quelques défenseurs virulents des militants anarchistes et Barrès, Remy de Gourmont, ou l'ami de Valtesse, Octave Mirbeau, sont les premiers à admirer ces destructeurs de la société. Au lendemain de la bombe lancée par Vaillant à la Chambre des députés le 9 décembre 1893, et qui blessa une quarantaine de personnes, Laurent Tailhade déclame dans un banquet : « Qu'importe les victimes si le geste est beau, qu'importe la mort de vagues humanités si par elle s'affirme l'individu ! »

Il figurera pourtant parmi ces « vagues humanités » quand il ressortira éborgné de l'attentat au restaurant Foyot, où il dînait en galante compagnie...

Cette insécurité politique s'accompagne d'une délinquance dans la périphérie de Paris. Les « apaches » des faubourgs (terme inventé par le journaliste Victor Moris en allusion à la cruauté attribuée aux Indiens d'Amérique) sont de jeunes misérables qui sèment la terreur, détroussent le bourgeois et forment de redoutables bandes imposant leurs lois. Ils défraient la chronique des faits divers ; les chansonniers, poètes et romanciers créent alors le mythe du mauvais garçon, avec en toile de fond l'ombre effrayante de « la veuve » — la guillotine —, du bagne de Cayenne et des « Bat d'Af » (les bataillons d'Afrique) où l'on chante :

Qui voulez-vous qui nous regrette
Nous ne sommes que des réprouvés...
Mais on s'en fout !

Un mythe du mauvais garçon qui accompagne celui de la prostituée, Amélie Hélie, devenue célèbre sous le nom de

« Casque d'Or » lorsque deux bandes rivales — celle de Leca et celle de Manda — s'affrontèrent pour elle dans un duel sanglant.

23

La comtesse quitte Paris

Est-ce à cause de l'insécurité parisienne, est-ce parce qu'elle s'ennuie au milieu des trésors entassés dans son hôtel-musée du boulevard Malesherbes, que Valtesse décide de se retirer à Ville-d'Avray ? Peut-être aussi notre belle rousse, même si elle n'avoue pas ses cinquante-deux ans au moment où commence le XXe siècle, sent-elle sa cote décliner. Il lui est plus difficile aujourd'hui de porter des toilettes excentriques, des chapeaux extravagants, et de rivaliser avec les jeunes filles fraîches qui se sont mises sur le marché.

Toujours lucide et avisée, Valtesse décide d'organiser une immense vente à l'hôtel Drouot — car, comme le constatait A. Coffignon, « au terme de sa carrière, la demimondaine en arrive toujours à la salle Drouot [1] ».

Certes, mais la vente de Valtesse va faire tout particulièrement sensation.

La comtesse de la Bigne vend absolument tout, comme pour rayer le passé, ses voitures, son traîneau de Saint-Pétersbourg avec sa couverture en ours noir, sa victoria doublée de maroquin gros bleu, son vis-à-vis à huit ressorts signé Muhlbacher, des centaines de bronzes et de

1. Dans *La Corruption à Paris, op. cit.*

sculptures, et cent-vingt-neuf meubles. On se précipite pour voir enfin les fameux trésors de l'Union des peintres ses magnifiques meubles de style Empire, ses deux salons en tapisserie Louis-XVI, ses perles d'Orient et ses gros diamants, sa grande cheminée Louis-XIII, ses tapisseries d'Aubusson et de Bruxelles, ses sculptures chinoises et ses tapis persans.

Elle se sépare aussi de sa belle demeure monégasque. Quant à la « Villa Valtesse » de Ville-d'Avray, elle sera cédée en 1903 à Maria Goubert qui la vendra à Jean Rostand en 1923.

Mais ce qui passionne surtout les curieux, c'est de pouvoir visiter le célèbre hôtel du boulevard Malesherbes, en pierre de taille et en moellons, avec son kiosque octogonal au fond du jardin, rajouté en 1889, ses sublimes portes cochères, ses écuries et son fameux vitrail représentant l'allégorie de ses amours avec Napoléon III.

Pour se préserver des mauvaises langues et des calculs trop précis sur son âge, Valtesse a rédigé elle-même la préface du catalogue, catalogue qui deviendra rapidement introuvable et excitera bien des collectionneurs par la suite :

« N'est-ce pas La Rochefoucauld, écrit-elle, qui a dit : " On éprouve d'autant plus de joie à deviner les autres, qu'on dépense plus de souci à ne pas se laisser deviner soi-même ? " Pour une fois, le moraliste est en faute : Mme Valtesse de la Bigne ne cache nullement les motifs qui l'ont décidée à vendre son hôtel du Boulevard Malesherbes et tout ce qu'il contient. " Caprice de jolie femme ", diront les uns, " volonté très arrêtée, très réfléchie ", répondent les gens informés.

« La vie de Paris, la vie trépidante avec les voies sillonnées de rails, l'air saturé du pétrole des automobiles et assourdissant de la fanfare brutale des cornets avertisseurs, le triomphe de la muflerie chère, s'étalant à côté de la muflerie miteuse, tout cela lui paraît manquer de sereine élégance et c'est à Ville-d'Avray, dans le site exquis où Corot déchiffrait, parmi le brouillard matinal, la forme délicate des nymphes rêvées par Théocrite, dans cet éden de la banlieue parisienne où Gambetta souhaitait de " planter ses choux " qu'elle va demander l'asile de paix, le spectacle reposant de la nature qu'elle souhaite. C'est dans la propriété longuement habitée par la grande et exquise artiste que fut Augustine Brohan, qu'elle veut, supprimant ses relations et ne conservant que ses amis, réaliser ce rêve rare de la solitude sans l'isolement. Or, sa maison des champs, comme on eût dit au grand siècle, ne saurait s'accommoder de ce qui faisait de son hôtel un écrin essentiellement parisien et voilà pourquoi l'écrin va être dispersé.

« Ce sera une vente curieuse que celle-là et Mme Valtesse de la Bigne n'est peut-être pas la Parisienne qui y prendra le moins de plaisir. Il y a dans cet acte d'une vente aux enchères, une sorte de consultation mathématique du goût contemporain qui ne va pas sans être infiniment flatteuse pour le vendeur : l'attrait des objets sur le public des amateurs, puis la bataille des enchères autour de ces objets sont autant de minutes délicieuses pour une âme artiste. (...)

« Il y a le bruissement, doux comme une caresse, de l'admiration d'autrui, devant les merveilles lentement rassemblées ; il y a le mouvement de curiosité très sensible qui agite toute une élite de connaisseurs ; et souvent dans les ventes retentissantes, comme le sera la vente de Mme Valtesse de la Bigne, on chercherait en vain un autre motif à la décision prise, que le désir d'entendre ce bruissement et de provoquer ce mouvement. »

Après cette mise au point, Valtesse décrit ses trésors et son célèbre lit de parade :

« D'une belle ordonnance, d'une réelle noblesse, tel qu'on en trouvait dans les chambres d'apparat d'autrefois, alors que les petits levers réunissaient autour du lit d'une reine, les courtisanes et les solliciteurs. »

Elle continue l'inventaire, vante la beauté de ses tableaux, la *Rade au Havre* d'Eugène Boudin et le *Paysage du Doubs* de Courbet, l'esquisse de la *Première Communion à la Trinité* de Gervex, « une œuvre exquise de couleur liliale qui, après vingt-cinq ans — elle est datée de 1877 — apparaît avec ses qualités d'œuvre définitive, qu'un jour un musée guettera », les *Portraits de Jeune Femme et de Jeune Fille* de Jacquet, « d'une telle grâce, d'une séduction si entraînante qu'on ne sait plus si l'hommage, presque une prière, s'envole vers le peintre qui a signé ces chefs-d'œuvre ou vers les modèles qui les ont inspirés ». Viennent ensuite *Les Bords de la Tamise à Londres*, « une note étonnamment juste de ce caractérisme dont Raffaëlli s'est fait l'apôtre », « un profil de jeune femme de Manet avec des yeux aux paupières frémissantes et des lèvres de volupté », et des œuvres d'Edouard Detaille qui permettent à Valtesse de conclure cette préface avec fierté : « Les amateurs n'eussent-ils à se partager que les seules œuvres de Detaille, réunies en si grand nombre dans cette collection, il faudrait se féliciter de la vente qui va en être faite. »

Le Tout-Paris vient en effet à cette vente impressionnante qui se déroule du lundi 2 juin 1902 au samedi 7 juin. Les femmes du monde peuvent enfin visiter cet hôtel qui leur était caché, examiner d'un air réprobateur le fameux lit de la courtisane, et les hommes s'attendrir sur cet univers qui s'éparpille aux quatre vents, ce geste d'une « femme étonnante par son destin hors série autant que par sa personnalité originale, disparaissant de la mémoire des hommes » que salue A. de Fouquières.

Une fois vendus l'hôtel et les deux villas, Rayon d'or part sans aigreur ni jalousie, laissant la place aux plus jeunes, pour s'installer dans le château qu'elle s'est fait construire, dans un genre « Valtesstyle », précise-t-elle en souriant. Une superbe demeure, à deux pas de l'actuel parc de Saint-Cloud, dans l'ancienne propriété d'Augustine Brohan, autre blonde dont la chevelure a fasciné bien des hommes, sociétaire de la Comédie-Française, que l'on a vu jouer les soubrettes de Molière et les coquettes de Musset. Elle y avait fait édifier une chapelle de style gothique que Valtesse va détruire — anticléricalisme oblige —, n'en gardant qu'une mosaïque sur le sol avec l'inscription « 1427-1902. La chapelle du Roy ». C'est en effet le nom du lieu, qui vient de la « Fontaine du Roy », située en bas du terrain, sur la route menant à Versailles, et qui eut l'honneur de désaltérer Louis XV. Valtesse détruit les bâtiments pour bâtir le château de ses rêves, dressé au sommet de roches de granit qui dominent un beau parc, face à un panorama de choix : Sèvres à ses pieds, les étangs de Ville-d'Avray si chers à Corot à sa droite, Saint-Cloud à sa gauche et Paris au loin.

Fidèle à ses habitudes, la comtesse s'occupe elle-même de la disposition de son château et distribue, à la fin des travaux, son portrait à tous les ouvriers. Le rez-de-chaussée est composé de deux immenses pièces séparées par des colonnes et baignées de lumière grâce à de hautes fenêtres vitrées qui donnent sur une grande terrasse. Le long des plafonds, une frise alterne le V, l'aigle impériale, un visage de femme — sans doute Valtesse — et la rose des armoiries authentiques des la Bigne. La belle dessine ses meubles, tous marqués du signe V, et commande une pendule dont les heures sont indiquées par les lettres composant le nom de Valtesse et dont les aiguilles forment un V. Elle fait moderniser son célèbre lit qui n'a pas trouvé d'acquéreur — qui aurait osé s'offrir une telle folie ? — et l'installe dans sa chambre, à l'intérieur d'une alcôve intimiste bordée d'une estrade et sous un beau plafond confié à Galland sur le thème de la « Vénus au milieu des anges ». Elle s'aménage une salle à manger en boiserie acajou de style art moderne et achète un téléphone, cet appareil formidable qui permet de parler à distance.

La courtisane crée ensuite un parc à la française enchanteur où elle fait installer des pavillons — deux existent toujours —, de nombreux kiosques, dont un fameux palais de marbre, des statues — il reste encore un lion et un singe — et d'extraordinaires installations électriques. Sur la pelouse devant le château, les visiteurs pourront admirer une couronne de comtesse en mosaïculture et, sur les côtés, le potager et les serres.

Fidèle parmi les fidèles, Edouard Detaille se construit un atelier dans le potager pour ne pas trop s'éloigner de sa belle. Pour l'escalier du château, il peint deux fresques représentant les *Funérailles du général comte Damrémont* et *Haut les têtes, portrait du général Lepic*.

Le peintre lui compose même, pour lui inventer des origines aristocratiques, une galerie de portraits qui décore la « Salle des ancêtres ». De beaux portraits sur tôle et sur toile, malheureusement aujourd'hui dispersés. Il n'hésite pas à faire remonter sa généalogie aux Mérovingiens, représentés par un leude franc nommé Bigne, qui porte de belles moustaches rousses, en rouleaux, terminées par des pointes tombantes, et un casque orné de grandes ailes de dragon. Detaille fait suivre ce guerrier par un héros des guerres de Religion, le valeureux Bigne dit Bras de fer, coiffé d'une salade d'acier et dont le bras emporté lors d'une bataille est remplacé par un crampon de métal. Vient ensuite le maréchal de la Bigne, ami et confident du Roi-Soleil, vêtu d'un long habit à la française avec jabot et manchettes de dentelles, croulant sous une énorme perruque bouclée et désignant la citadelle que ses troupes vont prendre d'assaut. Un petit marquis de la Bigne porte perruque poudrée et tricorne et met une main sur son cœur et l'autre sur ses lèvres pour envoyer un baiser, tandis qu'un certain Jean-Baptiste Gabriel François, en uniforme de colonel des cuirassiers du

Premier Empire, fume la pipe tranquillement. Parmi les seize portraits de cette galerie d'ancêtres imaginaires, on voit encore Cyprien-Georges de la Bigne jeune commandant, debout sur les barricades lors des émeutes de juillet 1830, dont notre spirituelle rousse dit : « Oh ! celui-là, on devrait voiler son portrait comme celui de Marino Faliero : c'est la honte de la famille, on ne l'appelle que " l'Insurgé "... » avant de partir dans un grand éclat de rire, ce qui ne manque pas d'amuser l'assistance, se souvenant d'un certain procès savoureux.

N'oublions pas le comte Horace de la Bigne, membre du conseil général de la Seine sous le Premier Empire et surtout Gace de la Bigne, le seul authentique la Bigne présent dans cette galerie. Il a lui, existé et figure dans le dictionnaire — bien qu'il n'ait aucun rapport avec Valtesse, le saint homme ! Ce chapelain du roi Jean le Bon était chargé de l'éducation du dauphin et a écrit deux ouvrages sur la pédagogie à travers la chasse qui furent longtemps des références. Introduire Gace de la Bigne dans cette galerie fantaisiste est osé : la pseudo-comtesse ne peut se permettre de reprendre la véritable généalogie des la Bigne sans provoquer la colère de la famille de Normandie... Pour l'instant, celle-ci n'est pas au courant des vanités de Valtesse mais cela ne saurait durer, mieux vaut rester prudent.

Mais quel plus joli cadeau pouvait faire Edouard Detaille à celle qui a écrit dans *Isola* : « Avec vos fortunes, je m'achèterai de la famille, des parents, des amis, des enfants, le monde même s'il plaît à ma fantaisie » ?

Celle que Manet appelait déjà « la châtelaine de Ville-d'Avray » se plaît aujourd'hui à inviter ses intimes, chaque mercredi. Parmi eux, les fidèles comme Claretie, Liane de Pougy, Champsaur ou O'Monroy qui lui donnent les derniers potins de la capitale et se lamentent en voyant disparaître un certain art de vivre

« Il ne faut pas me le dissimuler, écrit O'Monroy, avec mes gants blancs, mes roses au frontail, mes harnais étincelants et mes chevaux steppeurs, je représente le passé, un temps où on allait encore se promener au Bois non pas pour y faire de la vitesse et " boire l'obstacle " mais tout simplement pour y retrouver ses amis et saluer les jolies femmes dans un rendez-vous quotidien. Combien y a-t-il encore de gens qui soignent la tenue de l'attelage pour aller au Bois ? Combien restent fidèles à cette Allée des Acacias dont les vieux arbres ont vu tant de choses et ressemblent à des bâtons de perroquet ? Ah, qu'il est triste de vivre à une époque de transformation, où tout se modifie, où le décor change sans cesse, où tout ce qui avait fait la joie de notre jeunesse disparaît comme pour nous marquer des étapes successives ! Qui reconnaîtrait même nos Champs-Elysées ? Où est le Palais de l'Industrie ? Où est le Cirque d'Eté ?... »

Ce passé tant regretté, le faste de l'Empire et cette jeunesse lointaine alimentent les conversations de Valtesse et ses amis qui se promènent le long des allées peuplées de statues pour rejoindre le « Salon vert » formé par des chênes. Mais Rayon d'or a gardé son appétit de vivre et écrit à O'Monroy : « Vous savez, ami, notre présent, moins bruyant, moins jeune sans doute, est encore plein de mille bonnes choses que nous avouerons... plus tard. »

Valtesse a réussi sa vie, elle a connu les splendeurs des courtisanes et ignoré leurs misères. Sereine, apaisée, elle goûte aujourd'hui à ses rêves de solitude, accompagnée de ses deux lévriers blancs, Mimile et Loti. Douze années de bonheur à vivre encore trois ou quatre amants « pour ne pas perdre la main », dit-elle. Claretie a d'ailleurs noté un bon mot lancé à Valtesse par un bonapartiste réputé, « d'un ton superbe, comme un Vénitien romantique parlant à une Imperia de drame historique :

— Il est une nuit que vous ne me refuseriez pas, Madame, c'est la nuit du 2 Décembre ! » (Une date symbolique pour les bonapartistes en souvenir du 2 décembre 1805, la grande victoire d'Austerlitz, et du 2 décembre 1851, le coup d'Etat de Louis Napoléon.)

Pour occuper ses longues soirées d'hiver, Valtesse s'amuse à écrire un drame, *Cintho*, opposant la civilisation européenne à la tradition japonaise. Le héros vit à Tokyo et tombe amoureux d'une Française qui éveille en lui des instincts féroces. Il finit par l'assassiner lors d'une promenade en bateau sur un lac, au milieu des fleurs de lotus. Nommé secrétaire d'ambassade en France, il emporte le cadavre aromatisé de sa bien-aimée dans un cercueil en bois de santal, mais le mari de la malheureuse fait des recherches pour retrouver sa femme. Le dernier acte se situe à la Morgue, en compagnie d'un policier astucieux qui finit par faire avouer son crime au coupable.

« Il y avait du talent dans ce mélodrame à la fois lyrique et satirique, écrira Jules Claretie. Mme Sarah Bernhardt fut un moment tentée, je crois, d'incarner ce Japonais amoureux et meurtrier. Et malgré l'horreur du sujet, Mme Valtesse songea même à la Comédie-Française. »

Claretie tente de le recommander à Gémier et à Réjane, avant que *Cintho* ne tombe dans l'oubli... sans regrets. Valtesse a déjà les yeux ailleurs. N'ayant plus grand-chose à se prouver, elle voit la vie autrement. C'est « une blonde adorable, intelligente, restée charmante jusqu'à la fin. Plusieurs fois nous la rencontrâmes, poudrée à frimas certes ! mais pareille à un pastel joli qui s'efface sans se dégrader », décrivent Ch. Simond et M.-C. Poinsot dans *La Vie galante aux Tuileries*.

La belle plante qui se fane en douceur continue-t-elle d'exercer son métier ? Si ce n'est plus avec son corps, avec celui des autres ? Les horizontales finissent souvent ainsi leur carrière lorsqu'elles atteignent les soixante ans. Connaissant bien les hommes et leurs fantasmes les plus inavouables, elles travaillent sur commande, vous ouvrent un compte et vous reçoivent sur rendez-vous chez elles, accompagnées de la créature de vos rêves. Valtesse pourrait faire partie des « officieuses » qui gèrent de « grosses affaires », des princes, des banquiers ou des ministres à qui elles réservent le « gratin ». Lors de réceptions et de dîners, elles leur présentent des jeunes filles superbes qu'elles recrutent dans les quartiers pauvres, qu'elles éduquent, habillent et forment aux pratiques de l'amour. L'une des plus fameuses de l'époque, Alice Regnault, est très proche de Valtesse puisqu'elle a épousé son grand ami le journaliste Octave Mirbeau. Le couple a été compromis dans le scandale des décorations vendues par Daniel Wilson, le gendre du président de la République Jules Grévy. La police soupçonne aussi Octave Mirbeau de vivre grâce aux clients de sa femme, et « comme son amie Valtesse de la Bigne, son nom était inscrit sur les registres des divers proxénètes qui nourrissaient les maisons de rendez-vous des beaux quartiers [1] ». Vérifications faites, le dossier pénal ne cite pas le nom de Valtesse. Alors, proxénète ou pas proxénète ? La belle continue de jouer à cache-cache et de brouiller les pistes.

1. Michel et Nivel, *Octave Mirbeau, l'imprécateur au cœur fidèle.*

24

Salut l'artiste !

Comme elle a défié la vie, la demi-mondaine va braver la mort. Elle gère la fin de sa vie avec un bon sens normand, choisit le meilleur emplacement dans le cimetière de Ville-d'Avray, fait fabriquer son cercueil et commande des faire-part chez Appay, le graveur le plus chic. Bordés de noir et timbrés d'une couronne de comtesse, ils portent une phrase en caractères gothiques :

Madame
Valtesse de la Bigne
est morte le...
Souvenir

Souffrant de problèmes vasculaires, elle se fait opérer le 28 novembre 1909 à Paris et semble se rétablir. Mais, le 24 juillet 1910, Edouard Detaille note dans ses Carnets :

« Le docteur Bosviaux vient me dire que V a eu une crise terrible la nuit. Je trouve la maison bouleversée. Valtesse est calmée à force de morphine. Déjeuner avec docteur Huguet et Paymal. Je pars inquiet et avec d'affreux pressentiments. Dîner au Cercle. »

Le lendemain, le peintre continue :

« Le matin à Ville-d'Avray. Le mal a empiré, rupture de

veine. J'ai un chagrin fou. Il faut me contenir devant V qui voit, malgré sa faiblesse extrême. Je reviens à Paris bouleversé, malade... et André déjeune chez moi. Je ne sais pas comment je n'ai pas succombé à une crise cardiaque que j'attendais. »

Le 29 juillet, le médecin avertit Valtesse qu'elle n'a plus que quelques heures à vivre. Dans son lit, elle trouve la force d'inscrire la date sur chacun de ses faire-part et de rédiger elle-même les enveloppes, une à une, pour un dernier signe d'amitié à ceux qu'elle aime. Puis, elle s'installe confortablement pour attendre la mort et fermer les yeux à jamais sur ce monde cruel qu'elle a su dominer. A 22 h 45, Valtesse entre dans le royaume des mythes. La reine du Mal est morte comme le voulait Isola :

« Lorsque pour moi l'heure sonnera, froidement, sans secousse, sans hâte, sans fièvre, foulant aux pieds ceux qui seront tombés avant moi, je me coucherai doucement dans un lit dont on ne se relève pas. Là, étendue avec une suprême volupté sous la pierre du tombeau qui est, croyez-moi, la pierre philosophale, je dormirai sans cauchemar le grand sommeil du néant. »

Elle a soixante-deux ans, même si son acte de décès porte la date de naissance du 22 décembre 1861, ce qui la rajeunit de treize ans pusiqu'elle est née en 1848. L'incendie des archives de l'Hôtel de Ville de Paris a rendu bien des services à la coquetterie de toutes ces dames. Mais le procès de Valtesse en 1881 a laissé des traces incontestables... désolée, ma chère !

Le dévoué Detaille note le lendemain :

« J'ai passé une semaine affreuse. V s'est éteinte doucement hier soir, sans souffrance, sans secousse au cœur après avoir eu des reprises de la vie qui stupéfiaient le médecin mais je n'ai jamais cru à ces mieux. En auto, j'ai roulé tout le temps de Paris à Ville-d'Avray, Saint-Germain, Versailles. Jullemier [l'avocat et ami intime de Valtesse} a été parfait de dévouement ainsi que le docteur Huguet et le docteur Bosviaux. Gabrielle Dupuy et Blanche Vaynial et la petite Laure ont été touchantes de soins et d'attentions. J'ai eu toute la consolation que peut donner l'affection d'être unis dans une même pensée. On a apposé les scellés mais, il y aura des difficultés de famille. V saisie par cette crise foudroyante n'a pu exprimer ses volontés et l'injustice humaine dans ce qu'elle a de plus révoltant aura sa sanction et son application grâce aux lois. »

Etonnant que Detaille, connaissant si bien Valtesse, puisse penser qu'elle ait oublié de rédiger son testament, déposé depuis longtemps chez Me Champetier de Ribes, notaire à Paris. Mettons cette erreur sur le compte de l'émotion...

Le 31 juillet, la belle rousse part pour sa dernière demeure, conçue à son image : une magnifique sépulture païenne, dominant toutes les autres, formée d'un trépied de marbre blanc et surmontée d'une urne d'où monte une flamme de bronze avec trois aigles dorés qui veillent sur la tombe et des décorations composées de fleurs de lis et de la lettre V.

Les obsèques sont somptueuses mais sobres, scandaleuses puisque sans aucune cérémonie religieuse, mais très émouvantes avec leur défilé d'amis visiblement malheureux. Valtesse a interdit à sa famille de suivre le cortège. « Rien que des amis, raconte Detaille. La famille a été tenue à distance par Jullemier et n'a pas fait de scandale. La pluie a cessé à midi. Il y a eu du soleil, des fleurs, tout ce que demandait autrefois cette pauvre et chère fille. »

On parlera longtemps à Ville-d'Avray de ces funérailles et on se souviendra de cet extraordinaire cercueil en bois précieux qui « valait une fortune », emporté dans un char décoré de violettes et tiré par les quatre chevaux blancs qui avaient tant de fois mené Valtesse au Bois et au bal.

Laissant une fortune immense, et « un testament

mystique d'une quarantaine de pages », écrit Jules Claretie, la courtisane exige que sa famille ne mette pas les pieds chez elle. Elle verse une rente à la commune de Ville-d'Avray pour entretenir sa tombe d'une façon parfaite « en rapport avec la façon dont j'ai vécu et sous réserve de faire sonner les cloches quand passe mon convoi ». Toujours aussi provocatrice, la bonapartiste lègue à la municipalité républicaine quatre gravures représentant des maréchaux d'Empire qui décorent encore aujourd'hui la salle du conseil de la mairie.

Rayon d'or donne de nombreuses œuvres à l'Etat : un bracelet en or représentant les dieux de l'amour au musée de Cluny, *Le Tzarevitz passant une revue* par Detaille au musée de Versailles, un éventail du même artiste au Louvre et son célèbre portrait par Gervex au musée du Luxembourg.

L'anticléricale n'est pas rancunière puisqu'elle offre à l'église de la Bigne, dans le Calvados, l'étude de *La Première communion* de Gervex ainsi qu'une rente pour l'entretien de l'école. Elle gâte ses amis, Liane de Pougy, Jules Claretie, O'Monroy, Félicien Champsaur. Mme Amoureux, quant à elle, a l'honneur de recevoir ses deux lévriers chéris, Mimile et Loti. Edouard Detaille peut disposer du château de Ville-d'Avray, le vendre ou le louer comme bon lui semblera. Elle n'oublie pas le petit personnel, classé par catégorie, « A travaillé un an, deux ans, plus de cinq ans... », son coiffeur Rolland, sa blanchisseuse, les deux garde-barrière du parc de Saint-Cloud « où je passais en voiture », les pompiers, les balayeurs, la fanfare, le facteur et les pauvres.

En souvenir de son origine normande, elle octroie au musée de Caen son portrait par Pizzela, ainsi que celui de son amie Gabrielle Dupuy, accompagnés de deux ancêtres la Bigne par Detaille (œuvres disparues en 1944).

Pour le reste, une vente est organisée à Drouot en décembre 1910, aussi époustouflante que la première, avec

53 bijoux, 60 orfèvreries, 63 porcelaines et faïences, 30 tableaux, 64 meubles, 44 bronzes, 53 tapis et tentures, 2 voitures et toutes sortes de merveilles.

Si tout semble réglé comme sur du papier à musique, l'énigmatique Valtesse continue de jouer avec notre curiosité au-delà de la mort, car son tombeau porte cette étrange inscription :

« Valtesse de la Bigne, E. Una, L.M. Auriac »

La belle est donc enterrée avec deux hommes que son entourage ne connaît apparemment pas et qui, selon la rumeur, se seraient tués pour ses beaux yeux.

Le colonel Louis-Marius Auriac est décédé à Paris depuis longtemps déjà, le 18 décembre 1903. Il a été inhumé dans une concession perpétuelle payée par Valtesse la somme de mille cinquante francs, ce qui laisse supposer l'intimité étroite de leur relation. Le mystère s'épaissit quand Gaston Boudan rapporte dans le bulletin *Au pays virois* qu'une Mme P... lui a raconté qu'étant « jeune fille, elle avait été pensionnaire du couvent de Notre-Dame-de-Sion à Grand-Bourg, près d'Evry-Petit-Bourg en Seine-et-Oise, avec la fille de Mme de la Bigne, Julia-Pâquerette Fossey. Elle eut souvent l'occasion de voir Marius Auriac, lieutenant au 3ᵉ cuirassiers à Versailles, qui était un musicien de grand talent et probablement le père de l'enfant ».

Une version bien séduisante, mais Louis-Denis-Claude-Marius Auriac est né le 11 février 1855 à Béziers, ce qui lui donnerait l'âge de douze ans à la naissance de Pâquerette, en 1867...

Plus étonnant encore, l'autre personnage, E. Una, « un Japonais ou un Chinois de l'Ambassade » selon les uns, un Autrichien selon les autres. Il est enterré quelques années après la mort de Valtesse et rejoint sa dulcinée, sans plus d'explications.

Le testament de Valtesse ne donne guère d'indications, si

ce n'est une messe annuelle « pour le repos de l'âme de mon bien cher ami Auriac », et pour « mon ami Kenzo Gorai qui est pauvre. A dépensé tout l'argent reçu du Japon pour moi et mon plaisir. Mon notaire lui donnera de quoi régler ses dettes avec délicatesse ». Legs qui sera refusé par le Japonais en signe d'amour. Le mystère de ces deux inconnus alimente, une fois encore, les rumeurs.

Dans le *Paris-Journal* du 1er août 1910, un échotier anonyme tente de percer le mystère :

« Une femme vient de mourir à Ville-d'Avray, dont le nom fut célèbre jadis, et qui dut à l'amitié que lui accorda Napoléon III d'être citée à l'envi par toutes les gazettes. La comtesse Valtesse de la Bigne eut d'autres tapageuses amours. Deux hommes dont le nom figurait au d'Hozier [sorte de Bottin mondain réservée à la noblesse ancienne. Leurs noms n'y figurent pas, malheureusement] se suicidèrent pour elles. Emue, elle les fit enterrer dans le magnifique tombeau qu'elle s'était fait construire au milieu du petit cimetière de Ville-d'Avray. C'est près d'eux qu'elle dormira du dernier sommeil après avoir vécu vingt ans oubliée dans sa villa splendide, au parc immense, que lui avait offerte un de ses admirateurs. La comtesse aimait les arts et protégeait les artistes. L'un d'eux, le peintre militaire Detaille, aujourd'hui aux honneurs, lui doit tout ou presque. Des mains pieuses effeuilleront des roses sur la tombe de la femme intelligente et belle qui, par une grâce inespérée, mourut sans avoir connu les outrages des ans, quoique, depuis longtemps, l'hiver eût poudré à frimas sa chevelure blonde. »

Notre journaliste fait du zèle car en 1910, E. Una n'est pas encore enterré. Son nom est juste gravé sur la tombe. Mais la légende est née et même le gardien du cimetière déclare à tous les visiteurs, venus se pencher sur la sépulture de la comtesse, qu'elle est accompagnée de deux amants morts pour ses beaux yeux.

Son ami Jules Claretie, qui l'a connue quand elle était

enfant dans son guignol rue de Paradis-Poissonnière, se vante d'être l'un de ses anciens intimes en lui dédiant sa « Vie à Paris » dans *Le Temps* du 5 août 1910, sous le titre « Une Parisienne ».

« Celle qui portait ce nom de Valtesse de la Bigne était si originale avec ses bravades de la vie et son hautain sourire ! (...) " Ego " ! c'était ce que " la petite Louise ", la communiante d'autrefois, voulait être, se vantait d'être et n'était pas car elle avait de la bonté, une bonté armée, comme elle avait de l'esprit. »

Mais il ignore tout lui aussi de ces deux chevaliers dont les noms accompagnent Valtesse dans l'au-delà.

Dès la disparition de la comtesse de la Bigne, les plus folles rumeurs vont courir sur la mystérieuse courtisane. Pour la grande majorité, elle a été « l'amie » de Napoléon III, bien qu'aucune preuve ne l'ait jamais confirmé. Les uns insinuent qu'elle a appartenu à la police et qu'elle a joué un rôle occulte dans l'affaire Dreyfus car elle voyait souvent Esterhazy (que l'on a soupçonné d'avoir été le véritable auteur du fameux bordereau). On a d'ailleurs noté qu'un jour de concours hippique où elle se trouvait dans la « Butte-aux-lapins », la tribune réservée aux demi-mondaines, le capitaine Dreyfus vint la saluer.

Mais, avec le temps, c'est surtout son influence sur le personnage de Zola, Nana, qui reste dans les mémoires.

En 1955, dans une interview accordée à *Paris-Hebdo*, sa petite-fille, Andrée « Lafayette », fille de la pauvre Pâquerette qui fit l'objet du fameux procès, prétend dévoiler « le vrai visage de Nana ». Elle y affirme que tout ce que l'on a raconté sur sa grand-mère est faux, et fabule elle aussi à plaisir :

Fille de la lingère personnelle de l'impératrice Eugénie, Valtesse aurait eu, selon elle, une jeunesse dorée, promenant sa beauté dans les couloirs des Tuileries au milieu des admirateurs les plus titrés. Elle serait devenue la favorite de

Napoléon III — qui lui aurait offert son hôtel du boulevard Malesherbes —, puis la maîtresse du prince de Galles (futur Edouard VII), de l'empereur Guillaume Ier qui lui aurait donné son château de Ville-d'Avray, prétendument construit par Charles Garnier —, du duc d'Uzès et du prince de Sagan, dont elle aurait eu sa fille Pâquerette. Elle aurait fait installer dans sa propriété une piste d'atterrissage pour les avions de ses amants. Elle se promenait toujours avec une montre d'or incrustée dans le manche de chacune de ses ombrelles, afin de n'accorder à ses clients que le temps qui leur était strictement réservé, et ne se baissa plus jamais à partir de l'âge de vingt ans afin de ne pas avoir le sang à la tête ! Lors de sa fameuse vente à Drouot, on aurait vu un diadème de perles fines et de corail rose, un cadeau de l'Empereur, et une rivière de diamants, présent de Guillaume Ier. Elle aurait aussi vendu une perle noire, unique au monde, offerte par Edouard VII à la suite d'un pari : il aurait voulu refaire l'exploit d'un prestidigitateur en enlevant rapidement la nappe d'une table recouverte de vaisselle et d'argenterie. Il aurait bien sûr raté son coup et se serait fait pardonner par ce cadeau somptueux.

Andrée « Lafayette » affirme même posséder les restes du service de Baccarat de cette mémorable scène ! Le délire imaginaire d'Andrée atteint son comble quand elle affirme qu'un décret, sous Charles Quint, avait autorisé exceptionnellement la famille de la Bigne à transmettre son nom par les femmes... On en avalerait sa particule de rire !

Selon ses dires, elle n'a vu sa grand-mère qu'une seule fois. Sa mère, Pâquerette, s'étant mariée à Paul Jules Godard, voulait présenter à Valtesse ses trois enfants — Margot, Paul et Andrée — et lui rendit visite boulevard Malesherbes :

« La porte du salon s'ouvre devant une dame d'une merveilleuse beauté, vêtue d'une robe mousseuse de teinte pastel, son délicat visage encadré par une superbe toison blond vénitien. Le spectacle est si resplendissant que mes yeux de cinq ans en restent éblouis. L'espace de quelques secondes seulement car le regard gris vert de la dame s'enflamme de colère. Son bras exécute un geste violent, tandis que s'adressant à un laquais, elle crie : “ Débarrassez-moi de ces ordures ! ” »

La jeune femme a manifestement hérité de sa grand-mère un talent remarquable pour le mensonge. Née aux environs de 1900, elle part aux Etats-Unis dans les années 1920 et se baptise Andrée « Lafayette, descendante du fameux général » afin de mieux impressionner les imprésarios de Hollywood. Elle obtient en 1923 le rôle-titre dans *Trilby* de James Young mais, malgré le battage publicitaire fait autour de son nom, doit se contenter d'une brève et modeste carrière. C'est lors du tournage qu'elle rencontre le comédien Max Constant qu'elle épouse par la suite. Caméraman à Hollywood jusqu'en 1930, il devient pilote d'essai dans une grande usine d'avions de guerre et trouve la mort lors d'un vol en Californie, en 1944.

Quelles que soient les affabulations de la petite-fille de Valtesse, cette dernière avait tout de même tenu ses promesses : après le procès que nous avons évoqué, elle a retiré sa fille Pâquerette des griffes de sa mère qui en aurait fait une prostituée et lui a offert une bonne éducation à la pension de Sion. Et, si elle refusait de voir sa famille qui ne lui rappelait que de mauvais souvenirs, elle versait une pension mensuelle à l'une de ses sœurs et ne se montrait pas aussi dure qu'elle voulait bien le dire. Mais ces faveurs se faisaient dans le secret car Valtesse s'était créé une nouvelle famille, comme elle en rêvait dans son livre *Isola*, et ne se reconnaissait plus dans ces étrangers qui voulaient profiter de sa richesse et de sa réputation.

Elle évitait d'ailleurs soigneusement le sujet. Quand, après sa mort, Liane de Pougy rencontre Margot Godard, l'autre petite-fille de Valtesse et sœur d'Andrée, elle s'aperçoit avec horreur que sa grande amie ne lui avait jamais avoué avoir eu des enfants. En souvenir de sa Valtesse tant aimée, Liane se lie avec Margot qu'elle décrit le 12 octobre 1920 dans *Mes cahiers bleus* d'une façon guère flatteuse : « Pauvre nature, mais charmante fille. Elle ne sera heureuse nulle part, c'est écrit sur sa figure crispée, dans sa plaintive voix, sur sa battante paupière. Elle est née pour les vertus et les malheurs. Je ne sais si elle pratique les unes, mais elle attire les autres certainement : déboires, ruines, maladies, taches, écorchures, déchirures, faux pas, tout se déchaîne contre cette pauvre créature. »

Liane a l'art d'épingler ses amies, si l'on en croit cet autre paragraphe perfide du 9 mars 1921 :

« Migraine. Elle me talonne ces temps-ci ! Nous avons pris nos repas au " Cèdre ". C'est bien préparé, mais avec Dieu sait quoi ! Cocose, margarine ou végétaline. On dirait que je nomme ici les nymphes de l'intoxication. Max Jacob a remarqué drôlement l'autre jour : " Madame de la Bigne semble vénéneuse. " C'est tout à fait cela. On pourrait appeler ainsi " Cocose " la mère, ronde comme les " o " de ce nom et les deux filles " Margarine serait Margot, Végétaline, la blonde et rayonnante Andrée. »

Margot lui rendra bien son ingratitude puisque en 1936, elle vendra à la salle Drouot vingt-quatre lettres que Liane avait écrites à Valtesse, le tout pour soixante francs. Rien de tel pour vexer Liane la vénale : « Inconvenante perfidie ! J'aurai tout vu sur la terre. »

On pardonnera cette indélicatesse à la petite-fille de notre jolie rousse : il n'est pas aisé de supporter une telle ascendance et de trouver sa place à l'ombre de Rayon d'or.

La « Sévigné des cabinets particuliers » s'en est allée avec ses mystères, laissant aux hommes un souvenir éblouissant qui continue d'enflammer les imaginations : un étrange Américain est venu à Ville-d'Avray, en 1996, se renseigner sur la tombe de la belle, y déposer une gerbe de fleurs et, sans plus de précisions, a dit qu'il reviendrait un jour...

Choix bibliographique

ACHUY M., *Philosociologie de la Lorette* (Aubert-Lavigne 1841)
ADERER R., préface de J. Claretie, *Amours de Paris* (Calmann-Lévy 1912)
ALIS Harry (J.H. Percher), *La Reine Soleil* (Ollendorf 1884)
ALLEM, *La Vie quotidienne sous le 2e Empire* (Hachette 1948)
Almanach des Cocottes (1883-1886)
ALMERAS Henri d', *La Vie parisienne sous le second Empire* (Albin Michel s.d.)
—, *La Vie parisienne pendant le siège et sous la commune* (Albin Michel s.d.)
—, *La Femme amoureuse dans la vie et la littérature* (Albin Michel 1920)
ARON J.-P., *Misérable et glorieuse, la femme du XIXe siècle* (1980)
AURIANT, *La Figure illustre, décembre 1933, Madame Valtesse de la Bigne*
—, *Les Lionnes du Second Empire* (NRF-Gallimard 1935)
—, *Les Secrets de la Comtesse de Castiglione* (Calmann-Lévy)
—, *La Véritable Histoire de Nana* (Mercure de France — Bruxelles)
AXELOS C., « Femmes du Second Empire », conférence « Atelier », 4 avril 1969
BALDUCCI R., *La Princesse de Paris* (Hors collection 1994)
BALZAC H. de, *Splendeur et Misère des courtisanes 1823/1830* (*Œuvres complètes*, t. X, Club Français du Livre)
BARRÈS M., *Quartier latin* (Dalon 1888)

BEAUVOIR S. de, *Le Deuxième Sexe* (Gallimard 1949)
BELLANGER M., *Confessions, mémoires anecdotiques* (Librairie Populaire 1882)
BERTAUT J., *Le Boulevard* (Tallandier 1956)
—, *Les Belles Nuits de Paris*
—, *Amoureuses et femmes galantes* (Lyon I.A.C. 1955)
BESANÇON Dr J., *Le Visage de la femme* (Terres Latines s.d.)
BLANC O., *Les Libertines* (Perrin 1997)
BLANCHARD, *Les Dames de cœur* (Pré aux Clercs 1946)
BONNET M.-J., *Les Relations amoureuses entre les femmes* (Odile Jacob 1995)
BOREL P. (Le Lycanthrope), *Contes immoraux* (Paris 1833)
BRANCOURT R., *Offenbach* (Lawrence 1929)
BRIAIS B., *Les Grandes Courtisanes du Second Empire* (Tallandier 1981)
Cahiers naturalistes, n°s 39, 45, 49 (Grasset-Fasquelle 1955)
CAMP M. Du, *Paris, ses organes, ses fonctions, sa vie*. Tome III, *La prostitution* (1869), (Hachette 1905)
CANDLER (ancien préfet de police de Paris), *Mémoires*
CANIS L., *Notre passé (à Monaco)* (Cte Nle de Traditions monégasques s.d.)
CHADOURNE, *Nos étudiants* (Dentu s.d.)
CHALON J., *Liane de Pougy* (Flammarion 1994)
—, *Chère Natalie Barney* (Flammarion 1992)
CHAMPFLEURY, *La Mascarade de la vie parisienne* (Librairie Nouvelle 1860)
CHAMPSAUR F., *Parisiennes,* poèmes (Lemerre 1887)
CHANDENAY, *Dictionnaire des plagiaires* : « Zola » (Perrin 1900)
CLARETIE J., *Le Temps,* 5 août 1910, article nécrologique sur Valtesse de la Bigne
—, *La Vie à Paris* (Y. Havard-Fasquelle 1881)
—, Paris assiégé (A. Colin 1992)
CLAUDIN G., *Mes souvenirs : les Boulevards de 1840 à 1870* (Calmann-Lévy 1884)
COFFIGNON A., *La Corruption à Paris — 1888* (Librairie illustrée s.d.)
CONTE A., *Le 1er janvier 1900* (France Loisirs 1975)
CORBIN A, *Les Filles de noce* (Aubier 1978)

—, *Le Temps, le Désir, l'Honneur, essais sur la misère sexuelle au XIXe siècle* (Antier 1951)
COURTINE R., *La Vie parisienne* (Perrin 1984)
CRESPELLE J.-P., *La Vie quotidienne à Montparnasse à la Belle Epoque* (Hachette 1976)
—, *La Vie quotidienne des Impressionnistes* (Hachette 1981)
DABOT, *Souvenirs et impressions d'un bourgeois du Quartier latin 1854-1859* (E. Quentis 1859)
DANSETTE R., *Les Amours de Napoléon III* (Fayard 1938)
DASH (Mme Poillone de Saint-Mars), *La Femme à Paris et en province* (Lévy 1868)
DAUBIE Mme, *La Femme pauvre* (De Guillaumin 1866)
DAUDET L., *Le Drame des Jardies* (Fayard s.d.)
DECAUX A., « Nana et ses sœurs », in *L'Empire, l'amour, l'argent* (Perrin 1958),
—, *Amours sous le Second Empire* (Hachette 1959)
DEFFOUX L. et ZAVIL E., *Le Groupe de Médan* (G. Gres s.d.)
DEKOBRA M., *Tu seras courtisane, précis d'amour vénal* (Le Seuil 1924)
DE LA BIGNE L., *Isola* (Dentu 1876)
DELVAU A., *Les Cocottes de mon grand-père* (Marpou et Flammarion s.d.)
—, *Les Cythères parisiennes, les bals* (Dentu 1864)
—, *Plaisirs de Paris* (A. Faure 1867)
—, *Les Dessous de Paris* (Poulet-Malassis 1860)
—, *Le Grand et le Petit Trottoir* (A. Faure 1866)
DESPRES A., *La Prostitution en France* (J.B. Baillène et Fils 1883)
DIGUET, *Blondes et brunes* (Jonaust 1860)
—, *Amours parisiennes* (Dentu 1873)
—, *Les Jolies Femmes de Paris* (Librairie internationale 1874)
DRUMONT A., *La France Juive* (C. Marpou et Flammarion 1886)
DUMAS Fils, *Œuvres complètes*
ELSEN C., *Homo Eroticus* (NRF, Gallimard 1953)
FARRÈRE C., *Les Petites Alliées* (société d'Edition littéraire et artistique 1918)
FERVAQUE, *Mémoires d'un décavé* (Dentu 1875)
—, *Nouvelles Mémoires* (Dentu s.d.)

FEYDAU père, *Souvenir d'une Cocodette* (rééd. Le Pré aux Clercs 1997)

FLEISCHMANN, *Napoléon III et les Femmes* (Bibliothèque des Curieux 1913)

FOUQUIÈRES A. de, *Mon Paris et ses Parisiens*, t. III (P. Horay 1954)

GASNAULT F., *Guignettes et Lorettes* (Antier 1986)

Gazette des tribunaux, novembre 1881

GONCOURT E. et J., *Journal* (Laffont, collection Bouquins)

—, *La Lorette*

GORON (ancien chef de police secrète), *Nouvelles Mémoires*

GOUGY F.-M., *Les Grands Salons féminins*

—, *Guide des plaisirs à Paris*

—, *Guide de l'amoureuse à Paris*

GUIRAL, *La Vie quotidienne en France à l'époque d'or du capitalisme* (Hachette 1976)

HALÉVY D., *Apologie de notre passé (1910)* (Cahiers de la quinzaine 1918)

HÉDUY P., *Histoire de l'Indochine (1624-1954)* (Société de production littéraire 1963)

HENNIQUE Nicolette, *Léon Hennique, mon père* (Editions du Dauphin 1959)

HERMANT A., *Souvenir de la vie mondaine* (Plon 1935)

HÉRISSON comte de, *Le Prince impérial* (P. Ollendorf 1890)

HILLAIRET, *Dictionnaire des rues de Paris* (Edition de Minuit 1963)

—, *Lutèce* (Club Français du livre 1956)

HOUSSAYE Arsène, *Les Courtisans du monde* (Dentu 1870)

—, *Les Femmes comme elles sont* (Michel Lévy frère 1857)

—, *Confessions-Souvenirs d'un demi-siècle* (Dentu 1891)

—, *Les Parisiennes* (Calmann-Lévy 1895)

HUART L., *Physiologie de la grisette* (Aubert s.d.)

HURTRET A., *Corot aux étangs de Ville-d'Avray* (A. Poidevin 1948)

L'Intermédiaire des chercheurs et des curieux

JOLLIVET G., *Souvenir de la vie des plaisirs sous le Second Empire*, t. I (Tallandier 1927)

JUIN H., *Le Lit* (Massin 1900)

KOCK P. de, *La Demoiselle du magasin* (Deforge et Cadot 1879)
—, *Œuvres complètes* (Rouff 1887)
KONING V., *Voyage autour du demi-monde* (Dentu 1886)
KRACAVER S., *Jacques Offenbach ou le secret du Second Empire* (Grasset 1937, Gallimard 1994)
LACOURT L., *Le Parc aux cerfs du roi Louis XV* (E. Mengnat 1859)
LANO P. de, *Secret d'un Empire : la Cour* (V. Harvard 1893)
—, *Bals, travestis de tableaux vivants sous le Second Empire* (Simonis-Empis 1893)
—, *Nos Parisiennes celles qui aiment* (Simonis-Empis 1896)
—, *L'Amour à Paris sous le Second Empire* (Le Parc aux Cerfs féminin, Simonis-Empis 1896)
LASAWSKI W., *Libertines* (Gallimard 1980)
—, *L'Ardeur de la galanterie* (Gallimard 1986)
—, *De la beauté de la femme* (Gallimard 1994)
LAUR F., *Le Cœur de Gambetta* (Pagot 1921)
LAURENT J., *Le Nu et le Vêtu* (Gallimard 1979)
LAURENT-TAILHADE M.-L., *Les Noms d'amour d'une grande courtisane* (Le Livre de l'avenir 1934)
LEBLANC L., *Les Petites Comédies de l'amour* (Librairie centrale 1865)
LEGMAN G., *Les Avatars de la garce* (Les Temps modernes 08/1950)
LEMERCIER de NEUVILLE, *Les Courtisanes célèbres* (Paris 1864)
LEMONNIER A., *Les Femmes de théâtre* (A. Faure, 1865)
LETHÈVE J., *La Vie quotidienne des artistes au XIXe siècle* (Hachette, 1968)
LOLIÉ F., *Les Immoraux* (A. Savine, 1891)
—, *Femmes du Second Empire-Papiers intimes* (F. Juven 1906)
—, *Les Femmes du Second Empire - La Fête* (F. Juven 1907)
—, *La Païva* (Tallandier 1920)
LOUŸS Pierre, *La Femme et le Pantin* (1898), (Folio-Gallimard 1992)
MAC ORLAN, *Rues secrètes, Œuvres complètes*, t. XX (Cercle du Bibliophile Evreux 1969-71)
MANE (H. de PENE), *Ecrits amoureux* (Dentu 1864)

MANEQUIER, *Paris impérial-La Vie quotidienne sous le Second Empire* (Armand Colin, 1990)
—, *Les Artistes au bordel* (Flammarion 1997)
Manet par lui-même (Moreau Nelaton-Musées de Paris)
MAZENOT L. et SCHELLER C., *Dictionnaires des femmes célèbres* (Laffont, collection Bouquins)
MICHEL P. et NIVET J.-F., *Octave Mirbeau, l'imprécateur au cœur fidèle* (Séguier 1990)
MIRECOURT E. de, *Les Contemporains*, t. III, *Les Nuits parisiennes* (Harvard 1855)
MITTERAND H., *L'Album de Zola* (Gallimard 1963)
—, Préface à *Nana* de Zola (Gallimard-Folio 1977)
MORGAN V.-R., *Zola et Valtesse de la Bigne* (*Cahiers naturalistes*, n° 39)
O'MONROY R. (de Saint-Géniès), *Les Charmeuses : Valtesse de la Bigne* (*Fantasio*, 15 décembre 1907)
PASSILE G., *Histoire d'un gentilhomme de provin*c*e* (Ollendorf 1897)
PASTEUR C., *La Belle Epoque à 30 à l'heure*
PEARL C., *Mémoires 1873* (J. Lévy 1886)
PERDICAN, *La Mairie du XX*e *arrondissement* (*L'Illustration*, 19 novembre 1881)
PICH E., *Mythe et représentations de la femme. L'antiféminisme sous le Second Empire*, in *Romantisme*, revue du XIXe siècle (Champion 1976)
RACHILDE, *Pourquoi je ne suis pas féministe* (Editions de France, 1928)
RACINE G., *Entre hommes. Regards sur les femmes 1880, 1930* (Flammarion 1994)
RENARD J.-C. et ZABALETTE, *Le Mobilier amoureux ou la volupté de l'accessoire* (Chimères 1991)
RENÉ-LAFARGE T., *L'Impératrice Eugénie et ses femmes* (Hachette 1998)
RICHARDSON J., *Les Courtisanes, le demi-monde au XIX*e *siècle* (Stock 1968)
RIESE L., *Les Salons littéraires parisiens* (Privat 1962)
ROQUEPLAN N., *Regain de la vie parisienne* (Librairie nouvelle 1857)

ROUSSEL P., *Erotisme et galanterie au XIXe siècle* (Berger-Levrault 1979)

SAINT-AMAND de, *Les Femmes des Tuileries*

SAINT-GERMAIN P., *La Grande Dame de Monte Carlo* (Stock 1981)

SCOTT, *Le Pouvoir de domination* (R. Mezodack 1986)

SIEBECKER, *Cocottes et petits crevés* (Le Chevalier 1867)

SIMOUND et POINSOT, *La Vie galante aux Tuileries*

SORLIN P., *Waldeck Rousseau* (Stock 1981)

TOURNIER A., *Gambetta. Souvenirs anecdotiques* (Flammarion s.d.)

VACHON E., *Detaille* (1897)

VACQUIER T., *Les Maisons les plus remarquables de Paris de ces trois dernières années*, t. II, 1877

—, *Boulevard Malesherbes* (A. Candrilier s.d.)

VAUDOYER Q., *Alice Uzy ou l'Aspasie moderne* (Trémois 1930)

VAUZAT, *Nana et Blanche d'Autigny* (*La Grande Revue*, janvier 1933)

VENTO, *Les Peintres de la femme* (Dentu 1888)

VÉRON, *Paris amoureux. Mémoires d'un bourgeois* (Librairie nouvelle 1857)

VIEL-CASTEL H. de, *Mémoires sur le règne de Napoléon III* (Leouzon-Leduc 1883, rééd. Guy Le Prat 1979)

VILLEMESSANT H. de, *Mémoires d'un journaliste* (Dentu 1867)

WEBER E., *Fin de siècle*

—, *La France à la fin du XIXe siècle* (Fayard 1986)

WOLFF, *La Haute Noce*

ZED, Ct de MAUGNY, *Le Demi-Monde sous le Second Empire* (E. Kolb 1852)

ZOLA Emile, Nana, préface d'Henri Mitterand (Gallimard-Folio 1977)

Remerciements

A Madame Berthier, Jean-François de Canchy, Jean Chalon, Catherine Charpin, Dominique Fortier, Monsieur Freignot, Jean-Christophe Gourvennec, Madame Judée, Odile Nouvel, Katherine Pancol, François Robichon, Michel de Tarlé, Monsieur Trépose, Sandrine Viard.

Table

Cet ouvrage a été composé par
Graphic-Hainaut
et imprimé sur presse Cameron
par **Bussière Camedan Imprimeries**
à Saint-Amand-Montrond (Cher)

Achevé d'imprimer en juillet 1999

N° d'édition : 1436. – N° d'impression : 993055/1.
Dépôt légal : avril 1999.

Imprimé en France